君の人生に勇気はいらない

メンタリストDaiGo

本書は、自分に自信がなく、
変わりたいと思いながら、
結局変われない毎日を過ごしていた主人公・翔太が、
謎のメンターに出会い、
変わっていく物語です。
口の悪いメンターにムカつきながらも、
なぜか課されたワークにとり組み、
操られるように導かれていく翔太。
ぜひみなさんも翔太と一緒に
ワークにとり組んでみてください。
読み終わったころにはあなたにも、
変化が訪れているかもしれません。

主人公

鈴木翔太　男性　30歳

長所　①やさしい　②意外と素直　③人をわりと信じやすい

短所　①言い訳が多い　②自分に自信がない　③意志が弱い　④人を見る目がない　⑤捨てることは苦手

特徴　独身、彼女はいない。真剣な恋愛は未経験。まわりに結婚・出世している人が多くなっているミニマムライフ世代。ぐーたら、ファストフード、ラーメン、牛丼大好き。やる気が出るのを待っている。人のせい、嫌われたくない、言いたいことを言わない。傷つきたくない、責任をとりたくない。

謎のメンター

D（ディー）　35歳前後？

特徴　早口（意図的でもあり）で、口が悪い。なぜかいつも公園に裸足でいる。翔太がつけたあだ名は「仙人野郎」。

君の人生に勇気はいらない

グズで臆病な僕の人生を変えた口の悪いメンターとの物語

もくじ

第1章

始まり

怠惰な日常から抜け出す

第章

自信 ありのままの自分を認める

第3章

挑戦

新しい習慣を身につける

人間関係

他人を見抜く
他人に好かれる

第5章 成長 新しい自分に生まれ変わる

始まり
怠惰な日常から抜け出す

仕事をサボって公園で時間をつぶす
翔太の前に現れた謎の〝仙人男〟
変なヤツと思いながら、なぜかつきあううちに
話は思いがけない方向に進んで……
変わりたくても変われない日常から、
一歩抜け出す第1章

シーン1

いつもの日常が怠惰なワケ

「鈴木さん、ずいぶん熱心にパソコンと向き合ってますけどぉ、なんか調べものですかぁ？　……あ、もしかして転職先探してたりして」

向かいの席の桜井道子に言われてドキッとした。

昼休みはすでに40分も前に終わっている。ろくな仕事が見つからないので、検索だけで休み時間を費やしてしまった。働きたいと思う職場も、自分を必要としていそうな転職先も見つけられなかった。

「就業時間内にパソコンを私用で閲覧するのは、禁止ですよー」

畳みかけるように桜井道子が言う。

転職先を探し始めて、数か月。わかったのは、今の自分の給料は同じ仕事をしている同年代と比較しても低いらしいということ。ただし、今の俺の能力じゃ、高い給料の会社には転職できなそうだということ。

はぁ……。溜息を半分飲み込んで、荷物をまとめる。

「営業で行く先の場所を確認してたんだよ。さてと。外、まわってきまーす」

ホワイトボードに、フェルトペンで「ＮＲ」と書き入れる。今日も直帰の予定だ。

得意先がたくさんあればいいけれど、そうじゃない営業マンにとって、今のご時世はなかなか大変だ。クライアントを開拓するにも、最近はどの会社もセキュリティがどんどん厳しくなっていて、ご用聞きスタイルの「飛び込み」ってやつはもう大昔のことになった。アポがなければビルのなかにも入れない。ひとつの部署からほかの部署に挨拶に行きたくても、担当者がデスクにいなければ移動もできない。昔みたいにデスクの上にメモを残して「来ましたよー」アピールすることすらムリなのだ。

社内にいても居心地がよくないので、とりあえず外に出た。

……さぁ、どうしよう。

お金があれば、ファストフード店をはしごすることもできる。が、そんな余裕もない自分にとって、選択肢はかなり絞られてくる。

×クルマで昼寝　↓　クルマがない
×パチンコ　↓　うまくないので、あっという間に終わる
×ネットカフェ・漫喫系　↓　意外と金がかかる

最近のマイブームは、少ない得意先を訪ねたあとに偶然見つけた、とある公園だ。敷地面積が広めなので、いつ行っても居場所がある。設置してあるベンチも多いし、最近は家族連れや友人同士、カップルなんかが芝生……とは言えない草の上にシートを広げてくつろぐ様子も見られる。会社から30分くらい離れているから、知り合いに遭遇する可能性も低い。

まぁ、公園だから季節限定、天気限定。暑すぎず寒すぎない時期でないと屋外はしんどいし、雨のなか濡れながら居座るほど、俺は変人じゃない。30代のオトコがひとりでボーッとしてるのはいささか不思議ではあるけれど、緑はあるし、なにより何時間いても無料なのがこのうえなくありがたい。雷雨（らいう）でもない限り、時間つぶし……も

とい、考えごとをするにはうってつけの場所だ。

適当な店で昼飯を食べてから、腹ごなしに園内をちょっと歩いてベンチで休憩する。このベンチも、このところ自分の特等席だ。目の前が開けていて、目につくものを追っているだけで、ムリなく時間が過ぎてくれる……という、今の自分にとっては最高の場所だ。

それにしても……。考えてみれば、今の会社には新入社員で入社したけれど、就職してから年収は微々たるほどしかアップしていない。最悪だったのは、この間、会った同級生との間にえらい収入差がついてたこと。

ハッキリした金額は聞いてないけど、婚約したって言ってたし、旅行もけっこう行ってる口ぶりだった。俺なんて、結婚なんか夢のまた夢だよ。

湧き上がる不平不満を打ち消すように軽く舌打ちして顔を上げる。

ん？　視線の先に、ひとりの男が下を向いて歩いているのが目に入った。

しばらく見ていると、ある一定の距離を行ったり来たりしているのがわかった。

どこかしら違和感があるのだが、ほかの人と何が違うのかよくわからない。髪はもしゃもしゃしているが長くはない。ヒゲもすっかり剃られている。着ている服も破れているわけではない。

しばらく観察して、ようやく気がついた。

わ。あの人、裸足なんだ……。

＊謎の〝仙人男〟現る

裸足の男をジーッと見ていると、折り返してきたその人物と目が合った。

年齢は俺より少し上。5、6歳上かもしれない。薄いペラペラのロンTに、下はダボダボしたズボンをはいている。そして……裸足。

仙人かよっ!

思わず心のなかで突っ込んだらなんかおかしくなってきて、ちょっと笑ってしまった。

突然、斜め左前方から声がした。
「何かうれしいことでもあったのか。それともわたしを見て笑ったのか」

お……俺に話しかけてるのか？

面倒くさいことにかかわりたくないので、スルーを決める。視線をゆっくりそらそうとしたその瞬間、また同じ方向から声が聞こえた。
「無視する気か。ま、どうでもいいけど、スマホ、ベンチの下に落ちてるぞ。拾わないのか。こんな時間に公園にいるっていうことは、どうせ売れない営業マンだろう。スマホが落ちていることにも気づかないなんて、アポを入れる得意先も、連絡待ちをする取引相手もいないということか。こんなところでサボっている社員に毎月決まった給料を支払わなければいけない会社は、いい迷惑だな」

聞きながら、途中でムカムカしてきた。
は？　サボってるわけじゃありません。仕事したくたって、今のご時世、飛び込み営業なんてそうそうできなくなってるんですよ。
「ふっ。言い訳か？」
は、鼻で笑ったな！　言い返してその場を去るつもりだったのに、煽られてより
いっそう頭にきた。しかも鼻で笑うなんて失礼にもほどがある。
どうとでも言ってくださいよ。俺がどんな仕事をしているか、どんなふうにやって
いるか、今会ったばかりのあなたは何も知らないくせに。
「確かに。キミがいつもどんな仕事をしているのか、どんな内容の仕事をしているの
かは知らないし、知ったこっちゃない。ただ、優秀でないことだけはわかる。なぜだ
かわかるか？」
優秀でない理由が自分でわかっていりゃ、もうちょっと優秀になってるだろ。あほか。
「ふん、わからないようだから教えてやる。まず就業時間中に、仕事以外のことをし
ている。会社はこの時間もキミに給料を払っているんだ。仕事をしていないし、する
気もないなら、いっそ半休でもとって、有給を消化したほうがよっぽど正直で、良心
的で、キミ自身の精神面を考えても健全だ」

謎の仙人野郎は、俺が口をはさむ余地がないほどのスピードで話し続ける。

「そしていいか。キミが言っているのは、ただの言い訳だ。できないやつほど言い訳がうまいのは、世界共通かもしれないな。**言い訳の得意な人間が、ほかのことも得意である可能性は極めて少ない。**自分が効果的に振る舞えていないことを自分で認めずに、他人ばかりか自分をもごまかす方法ばかりを学んだやつほど、残念な人間はいない。どうせキミの人生はここ以外でも言い訳に満ちていて、死ぬそのときまで自分に嘘をつき続けることになるだろう。**自分の置かれた状況を、言い訳にするか、モチベーションにするかは、キミ自身で決めることができる。**何も変わらない日常に安心したいならかまわないが、人生に成長と変化と成功を求めるなら、そのエネルギーを言い訳に使わず、モチベーションにしたほうがいいだろうな。言い訳ばかりしていると、神は、言い訳の能力と引き換えに、キミのすべての才能を奪い去ってしまうだろう」

……あっけにとられた。言ってる内容はかなり失礼で、俺を「脳なし」と決めつけているが、弾丸のような早口で言われると反論する余地がない。しかも、最後の「神」ってなんだよ。ほんとうに仙人なのかよ。

あの。いいかげんにしてくれませんか。俺のことなんて知りもしない初対面の人にそんなこと言われる筋合いないすよね。だいたい、アンタは何者ですか。アンタだって昼間、こんな公園にいるってことは無職ですか？　俺よりひどいじゃないですか。だいたい……。

そう言って翔太は男の足元に視線を落とした。

この現代において、裸足ってなんすか。意味わかんないよ。靴買う金もないんだったら、俺、貸しますよ。それくらいの金はあるんで。もっともらしいうんちくたれてたって、靴も買えなきゃ話にならないです。

「それでは聞くが、そもそもキミはなぜ靴を履いているんだ？」

は？　コイツ、何言ってるんだ？　絶対頭おかしいだろ。

靴を履いているのは、それが文化で、文明ってやつだからですよ。原始人じゃあるまいし。

「文化で文明か。よく意味もわからないで使っているのが見え見えの日本語だな（笑）。いいか。**裸足で生活すると、まず姿勢がよくなる。**いや、裸足で歩いていると勝手に姿勢がよくなる……というべきか。キミのその猫背とたぷっとした腹も少しはマシになるかもしれないぞ。しかも、**森を裸足で歩けば集中力が2倍になる、意志力が上がる。瞑想の効果も上がる**んだ」

瞑想？　キモイっすね。瞑想って、あれですよね。仙人みたいな人たちが座ってやる、あれですよね。

「座って瞑想するのは、最近、意味がないと感じるようになった。**1時間以上座ると、血流にもよくない**という研究もいくつか出ているしな。座って胡坐（あぐら）のように足を組まなければいけない根拠を調べたんだが、何も出てこなかった。ということは、ただの慣習ともいえる。原始仏教の秘技には、**歩行瞑想**[*1]というものが存在する。座り続けるよりも歩くほうが健康へのメリットも大きいので、わたしは歩いて瞑想をすることにしている。**リラクゼーション効果で測ると、1をマックスとして、瞑想が0・4程度。森や木がたくさんある公園は0・7と効果が高い。**それなら瞑想を自然のなかでやったら一石二鳥かもしれないと思ったわけだ」

……はぁ。

「ところで、最初の質問を繰り返すわけだけど、キミはなぜ靴を履いているんだ？

『文明』とか『文化』などというくだらない建て前以外に、靴を履いていることが効果的である理由をちゃんと理解しているのか？」

そりゃもちろんですよ。

「たとえばなんだ？」

は？　靴を履く理由ですか？　そりゃ……何かを踏んでもケガをしない、とか。

「確かにそれはあるな。ほかには？」

足が汚れない、足に傷があっても菌に感染したりしない。

「うむ。安全面や衛生面以外に、効果的あるいは効率的な理由はなんだ？」

えーと……。こんなバカバカしい質問に答える意味なんてあるんですかね。

「これをバカバカしいと決めつける根拠は？」

いいかげんにしてくださいよ！　バカバカしいのは、バカバカしいからです。そもそも靴を履くなんて誰もが知ってる常識じゃないっすか。むしろ、靴を履かない理由がない！

「ハハハハハ」

仙人野郎が突然笑い出した。

「常識ねぇ。キミは常識をどれくらい信じている？　たぶん疑いもせず、自身で考察も再考もせず、鵜呑(うの)みにしているんだろう。だから凡人なんだ」

常識っていうのは当たり前のことです！　ちょっと待ってくださいよ。今、調べるから。……常識とは、社会を構成する者が有していて当たり前となっている社会的な価値観、知識、判断力のこと。また、客観的に見て当たり前と思われる行為、その他物事のこと。対義語は非常識。社会に適した常識を欠いている場合、社会生活上に支障をきたすことも多い、とサイトに書いてあります。健全な一般人が共通に持っている、または持つべき普通の知識や思慮分別。ほら！　健全な一般人なら持っているものですよ。それがないのは、健全じゃないってことなんだ！

＊

変化を妨(さまた)げるバイアス

翔太は論破した自分に満足していた。

やっぱりコイツ、ちょっとおかしいヤツなんだな。絶対に健全じゃないんだ。言いがかりつけやがって。

「キミの常識とやらを試してみよう。場・朝・砂。この3つの言葉をすべて結びつける言葉を考えてみろ」

は？　何言ってるんっすか？　まだ何か俺に用事があるんですか？　もう勘弁してくださいよ。しかも、場？　朝？　砂？　意味がわかんねぇ。なんの共通点もないじゃないですか。結びつけるものなんてないですよ。

「ハハハ。やっぱりな。共通点はない、か。『風呂』はどうだ。風呂場、朝風呂、砂風呂。立派な共通点があるだろう」

なんですか？　クイズ？　なぞなぞ？　初対面の変人とこんなくだらないことやるほど暇じゃないんです。あほらしい。考えなくちゃいけないこと、俺にはたくさんあるんですよ。

「そう怒らず、もう1問つきあうか？」

いえ。けっこうです！　常識ない人って、人の時間をムダにするのも平気なんですね。

「RAT[*2]と書いて、ラットという検査について聞いたことがあるか？　いや。聞いたわたしがバカだった。知るはずもないだろうから教えてやろう。RATつまりRemote Associates Test、日本語だと『遠隔性連想検査』というものだ」

はぁ。あなた僕が今「けっこうです」って言ったの、聞こえなかったんですか？

「まぁまぁ、聞けよ。**RATとは簡単に言うと、一見まったく関係性のないものの間に共通点を見いだす、洞察力を測るテストのこと**だ。『頭のよさ』は、IQやEQなどでも測定できるが、頭のよさを表す指標のひとつと言われているのが、言語的知性。言葉を操る能力のことだ。そして、RATを受けた人のデータをもとに解析したところ、**共通点を探すのが得意な人ほど頭がいい**という結果が出たんだな。もう1問出してやろう。位置・重り・北、この共通点を探してみろ」

仙人野郎につきあうのも腹が立つが、答えが出せないのも気に入らない。翔太は少しだけ考えようとした。

位置・重り・北？　全然わかんねーよ。いちとおもりときた？　イチ、オモリ、キタ？　はぁ……全然わかんねぇ。

「答えが出ないようだから教えてあげよう。アタマに〝あ〟をつけてみろ」

あ？　あ……イチ、あ……オモリ、あキタ？　県名か……（がっくり）。これマジで単なるなぞなぞなんじゃないですか？

「このRATによって、頭のよさが測定できるのでは？　と言われたのが1962

年。すでに60年くらいたっているわけだが、長い間研究されてアメリカのミシガン大学の研究者が、**頭のよさの定義**[*3]に必要な要素をこんなふうにした。

まずは、異なるものの間に類似性を見いだす力。次に、一般常識に対する考察。つまり、キミのように常識だから、慣例だからと安易に受け入れるのではなく、疑問を持つ力が必要だといっているんだな。そして、セレンディピティ。これは、たくさんの情報のなかから違う意味や価値を見いだす力、ひらめき力のことだ。

つまり、言語でも、絵でも、結びつきの連想ができる人は、異なるものの間にすばやく共通点を見いだし、新たな発想、ビジネスの創造をする能力が高いと考えられているのだ。何が言いたいかというと、キミのように**『常識』を妄信し、そこから動かないと、新しい発想、新しいビジネスの創造は難しい**というわけだ」

＊なぜやる気が出ないのか

がっくり疲れた。なんなんだ。言い訳だとか常識だとか、俺の言うことをいちいち否定しやがって。言い訳の何が悪い！　常識の何が悪い！　こんなビンボーくせぇ仙人野郎に言われてたまるか。

「イラだっているのか？」

いや、別に。

「相当イライラしているようだな。目がずいぶんと動いているからな」

…………。

「ここまでつきあわせたお詫びに……ふふ。ひとつ実用的で有益な話をしよう」

ふふって、なんですか。お詫びにって言いながら、そこ、笑うところですか？　そういうの、ほんとやめたほうがいいですよ。俺からの忠告なんてあなたはどうせ聞かないでしょうけど。

「で、どうする？　有益な話、聞きたくないか？」

まぁでも、俺にとって有益な話なら聞いてもいいですよ。

「出会いがしら、わたしはキミのことを『サボっている』と言った。そして、キミはそれに大いに憤慨した。サボっている……が間違いだとしたら謝ろう。ただ、公園にいる時間はあるが、仕事をしていないという状況は『やる気が出ない』と言えると思うんだが、どうだろう」

なんかずいぶん今度はていねいなアプローチですね。ちょっと調子が狂うけど……、でもまぁ……確かにこのところいろいろなことに制限が出てきていて、やろうと思ってもできないことがあったり、何をやっていいのかわからなかったり。やる気がない……と言えるかもしれないっすね。

翔太は、出口の見えないモヤモヤした感情を吐き出すように口にした。

「たとえば、やろうと思っていた仕事がまるでできなかった経験はあるか？」

……ありますね。でも、そんなことって誰にでもありますよね？

「誰にでも……か。他人のことを考える余裕があったら、今は自分のことに集中するんだな。では、大事な仕事がほかにもあるのに、なぜかやらなくてもいいことにめちゃくちゃ時間を使ってしまって、あぁ、もう半日もこんなことに使ってしまったとか、また残業しなきゃとか、土日はスッキリした気分で遊ぼうと思っていたのに、仕事がはかどらず、モヤモヤした気分のまま土日を中途半端に過ごしてしまったことはあるか？」

……あります。

「そして、なんで自分はいつもこうなんだ！　と自分を責めるはずだ」

……はい。

「まずは、それらの行動を『**非機能的行動**[*4]』と分類しよう。つまり、意味を持たない行動、矛盾している行動、今やらなくてもいい行動、なんだったらやらないほうがいい行動、つまり自分には役に立たない行動のことだ」

はぁ。でも、最初からそんなふうにわかっていたら、ムダなことはやらないんじゃないですか。人間っていうのは、やってるときはわかんないんですよ。だからやるんだ。あなたみたいにちゃんと分析できる頭があれば、そもそもその……なんだ？　非機能的なこと？　なんて、やらないんじゃないすか？

仙人野郎は何も言わず、ニヤニヤしながら俺を見ている。

だからその……俺は、本来すごく怠け者なので、とりあえず事務作業でもなんでも、やっておくべきことを思いついたらやるように心がけているんです。やる気っていうのは、何もしていないときに湧いてくるものじゃなく、動いているなかで出てくることのほうが多いって聞いたことがあるし。

「ふむ。確かに、『思い立ったらすぐに行動できる人が成功する』とか『モチベーションが大事』だという人はいる。だが、大事なのは、何をやるべきでやらないべきかを見極められることであり、やるべきことにモチベーションを上げなければならず、やらなくていいことにすぐに着手したり、モチベーションを上げてはダメなんだ。つまり、**やるべきことにだけモチベーションを出し、やるべきでないことにモチベーションを出さないようにすることが重要**なんだ。『すぐやることがいい』などというと、やらなくていいこともやってしまうことになる」

仙人野郎のまくしたてるような弾丸トークに若干クラクラしながらうなずく。

「たとえば、プレゼンの資料ならA４の紙１枚にまとめてくれたほうが読むほうも助かるのに、何ページにもわたる資料をつくることに一生懸命になる人もいるだろう。これは、相手に理解してもらい、共感してもらうという本来のプレゼンの目的から大きくはずれている。その人の目標が、『資料をたくさんつくること』にすり替わっているからだ」

あー。あるあるだなぁ。早く寝たほうがいい日に限って、ダラダラとスマホを見ていたり、部屋飲みが長引いたりする。普段は汚くたってまるで気にならないのに、突然、部屋が汚い！　と思って眠れなくなって、夜中まで掃除していたこともあったな。あと、太ってきたからダイエットしようと思っているのに、ポテトチップスなんか買ってきて、しかも夜中に食べ始めてしまったり。あれってなんなんすかね？

「**やるべきことが決まっているのに特定の行動を起こせない人は、目先の不安感やストレスを回避するために短絡的な行動をとり、そして、長期的なメリットに目が向いていない**ケースが多いと言われている。わたしたちは、毎日やらなくてはいけない業務をこなそうと努力するけれど、**重要なのは、これをやることで長期的にどんなメリットがあるのか、あるいは短期的なメリットしかないのかを認識する**こと。ここを意識することができなければ、手がつけやすいものから先に始めてしまい、同じことを繰り返すだけだ」

え。待って待って。でも、そんなことほんっと――――によくあることじゃないですか？

「確かによくあることだな。**人間というのは、自分が前に進んでいるという感覚をつくりたいがために、やらなくてもいい仕事をわざわざつくり出して、仕事をしている感覚に浸る**ことがある。大事なことに向き合うことのストレスや、自分がやったら失敗してしまうのではないかという不安感を回避するために、短絡的な行動や、やらなくてもいいことに手を出してしまうというわけだ。と同時に、**本来やるべきことを達成したときの長期的なメリットのすばらしさをほんとうにわかっていない**、とも言える」

仕事をしている感覚に浸る……？　いやいや。そりゃ、もしかするとやらなくてもいいことをやってるかもしれないけど、でも、なかにはいつか必要になることだってたくさんありますよね。たとえば、真夜中の部屋の掃除だって、翌日はそりゃ眠いし疲れているかもしれないけど、でも、それこそ長期的に見たら、探しものも減るし、気分もいい。部屋がきれいになることのデメリットなんてないんじゃないすか？

「**1回夜更かしをすると、3日は判断能力が落ちる**のは有名な話だ。3日間判断能力が落ちると、どんなコストがあると思う？　ん？　そこにメリットがあるか？　部屋の掃除は、夜更かしをしてやらずに、早起きでもして毎日10分やればいい。一気に掃除しなければならないほど、散らかしていること自体が非効率的なんだ」

そ……それはそうかもしれないけど……。あ、あと「大事なことに向き合うストレスとか、自分がやったら失敗するかもしれないという不安感を回避するために、やらなくていいことに手を出す」って言ったけど、それだってどうなのかな。べつに、夜寝る前にスマホ見るのは不安とかストレスとかじゃなく、メールをチェックしたり、ニュースとかエンタメ情報をチェックするっていう、単なる気分転換のひとつなんですよ。それをいちいちさぁ……。

「まぁ落ち着け。世界の大学をランキングしているTimes Higher Education（THE）という機関があるのだが、創立50年以下の大学のなかで2013年以来、つねにトップ10に入る大学がオランダにある。そのマーストリヒト大学の研究チームが開発したのが、**モチベーションの改善ツール**[*5]だ。**非機能的行動のコストとベネフィットを診断することで、目標行動に対して適切なモチベーションを維持することができる**というわけだ。行動のコスト（デメリット）とベネフィット（メリット）を並べて書くことが推奨されている」

Work 1

＊やる気を妨げるものの正体

非機能的行動って、さっき言ってた意味のない行動とか、やらなくたっていい行動のことですよね。あーもうわけわかんなくなってきた。その非機能的行動の何を、いつ書き出せって言ってるんですか？　ポテチの袋を開ける前に、なんだったらコンビニでポテチをカゴに入れる前に、そんな面倒くさいことを考えて書き出さなくちゃいけないってことですか？　ポテチ食うモチベーションなんて、どーだっていいですよ。めんどくさっ！

「ハハハ。ポテトチップスが食いたいなら食えばいい。食いたいんだろう？　ただ、ダイエットしたいっていう目標はどこにいったんだ？　生活のなかでやってしまう無意味な行動をすべて書き出せと言ってるわけじゃない。これはモチベーションの改善ツールなのだから、キミが変えたいと思っているけれど、どうも**モチベーションが上がらないぞと感じている行動についてのワーク**だ。ちょっとひとつやってみよう」

仙人野郎はそう言うと、おもむろに俺の目の前に胡坐（あぐら）をかいて座った。

俺もつられてヤツの前に腰を下ろす。

「**まずは、行動選択のフェーズ**。キミが変えたいと思っているのにモチベーションが上がらないと思っていることをひとつ選んでみよう。できればスマホのメモ機能でもいいので、書き留めておくことをすすめる。さっきのダイエットでもいいぞ」

いいや。ダイエットはべつに本気じゃないんでいいっす。変えたいと思っているのにモチベーションが上がらないこと……ねぇ。あぁやっぱ……転職先を見つける、こと。

「今の職場を辞めたいのか？」

いや、今の職場は居心地もいいし、上司も先輩も、同僚も好きなんです。ただ、このままあそこにいても、たいした内容の仕事は任せてもらえないだろうなーと思ってるのと、うちの会社、給料が安いんで、もう少し欲しいなぁって。ただ、俺の学歴とか能力とかだと、今の会社の給料でもいいほうっていうか。もっと高い給料を出してくれるところなんて全然なくて。

「そうすると、キミが欲しいものは辞めることではなく、給料がアップするような成果を出すとか結果を残すっていうことなのか？」

そう言われて、ずーっとモヤモヤしていた頭のなかで何かがパン！　と音を立ててはじけた。

そうか。転職したいわけじゃないのか、俺は。今の会社にいられるならそれがいい。環境は変えずに、自分がもう少しやりがいのある仕事や給料がアップするような結果が出せれば満足なのか？　でもって、その道があることすら見えていなかったというか、見ないようにしていたというか、気づかないようにしていたのかもしれない。え？　それがさっきアンタが言ってた、ストレスとか不安とかから逃げる無意味な行動に結びつく……っていうこと？？？

「ハハハ。思ったよりも頭の回転が速そうだな。そんなに急ぐな。ひとつずつ説明しながらいくぞ。選択した行動は、『今の会社で給料アップが見込めるような結果を出す行動』でいいか？　行動の選択が終わったら、次に、それを妨げている自分の行動をひとつ書き出してみるんだ」

面倒くさいとか、時間がないとか、じつは失敗したくないとか？

「なるほど。今言ったのは行動か？」

あ。違います。なんだろ。感情？

「じゃ、妨げている〝行動〟はなんだ」

うーん……。

「さっきキミはいくつかの感情を言っただろう？　たとえば、時間がないというのがほんとうだとしたら、時間をなくすためにとっている行動はあるか？　もしくは失敗しないためにしている行動は？」

いくつもあるような気がします。書くのはひとつですか？

「考えればいくつも出てくると思うが、いちばん問題だと思うものをひとつだけ選ぼう」

じゃ……と、落ちていたスマホを拾い上げて、俺はそのメモ機能に「職探し」と打ち込んだ。

＊

ほんとうにやりたいこと

「**2つめのフェーズは、行動分析**だ。モチベーションの上がらない行動を妨げている行動を、4つのマトリックスに分けて書き出していく。**①短期的ベネフィット（メ**

リット）、②短期的コスト（デメリット）、③長期的ベネフィット、④長期的コストだ」

①は、職探しをしていることの短期的なベネフィット……ですか。ネットとかで職探しをしていると、自分がまるでもう転職したかのような気分になれる。その会社で働いてる自分を想像したりして……いや、現実にはどうせ受からないだろうって失望したり幻滅したりもするんですけどね。でも、頑張って職探しをしている自分に満足するかな。

②は、短期的なコストですね。さっき気づいたんだけど、職探しをしているうちにどんどん自分に自信がなくなってくるんですよね。あとは、職探しをしていると上司や先輩、同僚に申し訳ない気持ちになってくる……っていうのもあるかな。

そして、長期的ベネフィットか……。職探しをすることの長期的なメリットなんてあるんですかね？　職探しは長期的にならないほうがいいと思うんだよな。とっとと見つかったほうがいい。あえてあげるとすると……自分自身のことが見えてくる。……こんなのメリットでもなんでもないか。大抵はネガティブな感情が湧いてくるだけだしな。

悩んでいると、仙人野郎が口を開いた。

「目標を妨げる行動の長期的ベネフィットは、思いつかないことが多いかもしれない。だから、思いついたことをそのまま書いてもいいぞ」

あ。わかりましたと、俺はさっき頭に浮かんだグジャグジャをそのままメモ機能に打ち込んだ。

最後は、長期的コストか。職探しをすることの長期的コスト……。仕事をする時間が削られる。今の会社で働く意欲や気持ちがどんどんなくなっていく。いや。そんなことないか。じつのところ、職探しはあんまりうまく進んでいないし、結局、自分の能力のなさに直面するだけだしなぁ。とすると、なんだ？　えーとぉ……今の会社における自分の価値を上げることができ……ない。

あれ。なんか今、誰か俺の頭を殴ったか？　なんだなんだ。なんか衝撃があったぞ。あれ？　そういうことなのか。自分がほんとうにしたいのは、今の会社で給料アップが見込めるような結果を出す行動のはずなのに、これじゃまるで逆じゃないか。

……何やってんだ、俺。

＊自分を知る

仙人野郎の顔をゆっくり見ると、なぜかヤツはニヤニヤ笑っていた。

「すごいじゃないか。自分で答えに到達することができたな。**行動のベネフィットが大きく見えれば、行動を始められる、続けられる**。そして、**行動のコストが大きく感じられたときは、続けていた行動がやめられる**んだ。

無意識にとっていた、あるいはよかれと思ってわたしたちは欲望や〝今の気分〟とやらに振り回されすぎて、物事を物事をやるか、やらないかを決めている。でも、このようにコストとベネフィットを考えると、行動から自分の欲求や感情が切り離される。やる、やらないを決めていた感情が、いったん切り離されることで冷静になれるのだ」

いや、なんだかやる前に想像していたよりも、ずっと重い結果になりました……。

「そうか。**最後に振り返りのステップを入れる**と、より今の思いが定着するぞ。このエクササイズを終えて、もっとも心に残ったことはあるか?」

何やってんだ、俺……ってことっすかね。やりたいことの逆をやっている。職探しは自分の明るい未来のためだと思ってやってきたけど、じつは全然違った……のかもしれない。それに今はまだショックを受けてる状態です。

「では、自分について新しく学んだことはあるか？」

適当に生きてるように見えるけど、じつは自分のことや将来のことを少しは考えてるぜ俺、と思っていたのに、表面的なことしか見てなかったのかも……と、今は思ってます。さっきアンタに言われて、ほんとうは今の会社で頑張りたいことも、今日初めて知ったし。思い込みとかもあるなぁと。最初はアンタのことへん……。

そこまで言うと、仙人野郎がいきなり笑い出した。

「こんなに自分のことを知らなすぎるヤツは、小学校低学年にしかいないだろうな。こっちのほうが驚いたよ。ハハハ。でも、少し見えたことがあってよかったじゃないか。もっと簡単なことでもできるからやってみるといい。たとえば、さっきのダイエットとポテトチップスとか。そうだ、簡単に教えてやろうか」

はぁ。

「ダイエットしたいのについついポテチを食べてしまうことの短期的なベネフィット

は、好きなものを自由に食べることができる。短期的コストは、それを食べたあとになんとなく感じるイヤな気分や後悔。長期的なベネフィットは、ぶくぶく太っていくだけだからあるわけがない。長期的コストは、体重が増えて服は合わなくなり、健康問題も起きてモテなくなる。ハッハッハ。どうだ。これでもポテチが食いたいか。ハッハッハ」

自分で勝手に俺を分析して、本気で腹を抱(かか)えて笑っている仙人野郎を見ていたら、すっかり忘れていた腹立たしさがどんどん蘇(よみがえ)ってきた。

少しでも感謝の気持ちを抱(いだ)いた自分がバカだった。こいつは、人の気持ちをおもんぱかるという繊細さなど持ち合わせていない。人は自分よりも下で、俺様だけがエライ。絶対にそう思っているヤカラに違いない。俺には一生涯、関係のない人種だ。

しかも、気がつくと、あたりはすっかり日が落ちて暗くなっていた。公園にもほとんど人がいない。

えっと、俺、そろそろ行きますね。初対面の変人さんとこれ以上、会話する時間も興味もないんで。瞑想とかいろいろ頑張ってください。

ベンチに置いていたバッグを持ち上げ、手に持っていたスマホをそそくさと入れ込む。これさえ落ちなきゃ、こんなヤツに話しかけられることもなかったのに。ちぇ。

去り際、仙人野郎が俺のほうをまっすぐ見て言った。

「さっきのワークがどのくらいキミの思考にインパクトを与えられたのか。今の時点ではなんとも言えないが、さっきキミが**得た知識や洞察を、この先、どのように実践していくのか。これを先程のメモにつけくわえておく**といい。ここまでが、振り返りのステップだ」

レッドゾーンまで振り切った怒りを抱えて駅までの道を歩く。

何が振り返りだ。ダイエットのときは、俺をネタに大笑いしやがって。

ぶくぶく太っていくだけだから、ベネフィットなんてない。ハッハッハって、ふざけんな。お前はポテチも食わねえのか！　エラそうなこと言ってたって、どうせあの公園で寝泊まりしてるんだろう？

ぶつぶつ文句を唱えながら改札の前でバッグをあさる。

ん？　あれ？　定期入れがないじゃん……。

ポケットに入っていた小銭を券売機に突っ込みながら記憶をたどる。どこで落とした？　会社を出たときは持っていた。どこだ？

もしかして……あの公園……か？

全身から力が抜けていくのがわかる。そのまま公園に戻る気にはなれず、久しぶりに切符を買う。

あの仙人野郎と出会ったことで今日は散々な1日だった。好きだった公園にケチがついたみたいで、余計うんざりした気持ちになった。

まとめ

- サボるということは、やる気が出ないということ
- 「やらなくていいことにモチベーションを使っていないか」振り返る
- 「やるべきことへのモチベーションを妨げる行動は何か」を考える

シーン2

変化の兆し

朝6時。

スマホのアラームが枕元で鳴り響く。

スヌーズを3回繰り返したあと、ようやく遠い彼方から「現実」にチャンネルが合ってきた。目をつぶったまま自分の呼吸に耳を澄ませる。

眠い……。めんどくせぇ……。

今日、行かなくてもいいんじゃないか？　明日、いや明後日(あさって)でもいいか……。いっそのこと、なくなったと思って定期、あきらめるか。そしたら、わざわざ公園に行かなくたっていいんじゃないか？

眠気にまかせて意識が遠のいていくなかで、ふと「入館証」という文字が頭に浮かび上がってきた。なんだよ、入館証って。あー……会社のビルに入るときに必要なやつだ。あれも一緒に入っていたのか。今日くらいなくったって入れるだろ。もう8年もあのビルに出入りしてるんだ。忘れちゃいました！って、言えばなんとかなんじゃね？

再び意識が遠のく……。もーいーよ。めんどくせぇ。どーだって。

……………………………………。

あれ？　今日、金曜か？　げ。朝イチでミーティングがある日じゃん。

昨日、変な野郎に会ったせいで、仕事する気がまったく起きなくて、ミーティングの準備は明日ちょっと早く来てやればいいやって直帰したんだった。まじか……。

入館証忘れて入館するのに、総務に書類出さないと入れないいんじゃなかったっけな。あれ。もしあそこに落としたんじゃなかったら、どうなるのかな。入館証、再発行って確か金かかったような気がしてきたな。しかも、始末書を書かなくちゃいけないいんじゃねーの？　あーめんどくせぇ。

やっぱり出勤前に公園まで行って、探すしかないか。それが結局、いちばんラクで早道ってことか。

ちぇ……。めんどくせぇ……。

朝の公園は、昼の雰囲気とまた少し違う。年齢層もちょっと高めだ。犬の散歩をする人と３組くらいすれ違ったあとで、いつものベンチについた。

ベンチの上はもちろん、下、周辺も探してまわるが見当たらない。

ここじゃなかったか……。じゃ、どこだよ。も――。せっかく頑張って朝早く起きて来たのによぉ。

イライラしながらベンチに腰を下ろす。

こうなったらいよいよ始末書ものかな。総務の上田さん、冗談も言わないし、にこりともしてくれないから苦手なんだよなぁ。

今公園にいる人、みんなに聞いてまわろうか……。

そんなことを考えていたまさにそのとき、向こうのほうにあの仙人野郎が歩いているのが目に入った。

一瞬、げ！　と思ったが、気づいたら仙人野郎に向かって走り出していた。

もしかしたら、何か知ってるかもしれない。

すいません。あ、おはようございます。はぁはぁ。えっと……。

「なんだ、キミか。笑えるな、息が上がっているぞ。2キロくらい走ってきたのか？」

いや。向こう……向こうにいたら……姿が見えたので。

仙人野郎は、〝向こう〟と指さした方向を一瞥（いちべつ）して、呆（あき）れた目をこっちに向けた。

「ほんの100メートルくらい走っただけか。……飯は食べたのか？」

メシ？　いいえ。朝は食べないんで。

「ふん（笑）。キミが朝食を食べないことにたいした理由があるとは思えないし、ましてや、わたしが朝食を食べない理由と同じだとは到底思えないが、まぁいいだろう」

そう言って、仙人野郎はやけにブカブカのズボンのポケットのなかをごそごそし、

「ほら」と白い錠剤を差し出した。

アンタの毒舌は、朝っぱらから全開なんですね。なんすか、これ……。

「どうせいつも食べているのはジャンクフードだろう？　その体形や顔色、肌の質感で想像はつく。わたしの言うジャンクフードとは、糖質と脂質がやたら多く、タンパク質が少ない食品のことだ。菓子パンやハンバーガーはもちろんだが、揚げもの、

ラーメン、ポテトチップスも含まれる」

言ってることは、悔しいけど当たっている。金がないっていうのもあるけれど、自分の食生活を振り返ってみると、ラーメンやファストフード、揚げものばかりの弁当が俺の主食だ。

まぁでも、今の日本人のほとんど、とくに俺と同年代のヤツらはそんな食生活じゃないですかね？

「ジャンクフードは脂肪が多く、食物繊維が少ないのが一般的だ。そればかり食べていると、数百兆という生物が形成する腸内細菌のバランスが一気に破壊される。腸が人間の体の重要な器官であることは知られていたが、腸と脳とは迷走神経でつながっていて、腸から脳に送られる情報が直接影響を与えること、そこには腸内細菌が大きくかかわっていることがわかってきた」

腸内細菌って、あのヨーグルトを食うと増えるとかいってる、あれですか？

「そうだ。**腸内環境のバランスが崩れることで、自己コントロール能力が低下する、メンタルが落ち込む、自制心が失われるなどというデメリットが生じる。**つまり、腸内細菌のバランスが脳に直接的な影響を与えるのだ。事実、**ジャンクフードを多く食**

べて育った子どもは、自己コントロール能力が低下し、感情をコントロールすることが難しいと考えられている。**ジャンクフードと仕事における成功にも関連があり、自己コントロール能力が低ければ出世は望めず、それに比例して収入は落ちる。また、感情のコントロールができなければ、人間関係で問題を抱えやすくなり、出世も難しい**という研究結果もある。感情をコントロールする能力とは、自分の感情を我慢する力という意味ではない。自分の感情をうまく相手に伝えられるかどうか。自分がどういう気持ちでいるのかをうまく伝えられなければ、理解もされず、関係性をこじらせてしまうというわけだ」

いや。そんなこと言ったって、仕事も忙しくて、昼にゆっくり食事する時間もない。おまけに金もないからどうしようもないんですよ。

「それなら、昼はサラダにゆでたチキンをのせたシンプルなものを食べて、うまいものは夜に食べるようにしたらいい。しかも、**昼に消化しにくくて血糖値が急激に上がるようなものを食べると、間違いなく午後に眠くなる。**ふっ。だから公園に昼寝に来ているんだろう？　午後に仕事をする気がなくなるのも当然だ」

仙人野郎は、俺がすっかり興味を失って話半分に聞いていることを知りつつも、日本の企業で働く人間は、部下を持つ立場にあっても腹がポッコリ出たジャンクフードマニアが多いと怒っている。そういう人間は自己コントロール能力がゼロで、人の上に立つ資格はない！　とまで言い切った。

「さっきキミに渡したのは、プロバイオティクスだ。腸内細菌が凝縮されたサプリで、食物繊維系のコンボになると、キミの体にはよりよい作用を及ぼすだろう。そうそう。キミがここに探しに来たものは……これか？」

仙人野郎はおもむろにこっちを向いて何かを差し出した。

あ！　俺の定期入れ！　よかった！　そのなかに入館証も入っていて、なくしたら始末書ものだったんですけど、これで書かなくてすむ。再発行しなくてすむ！　あーほんとに助かりました。

胡散臭い仙人野郎だけど、このときばかりはうれしくて抱きつきたい衝動にかられた。と、その瞬間、定期入れを持っている仙人野郎の手がすっと引っ込んだ。

……あれ、なんですか。やだな、返してくださいよ。

「もちろん返すさ。ただ、その前に……」

そう言って、ヤツはくるっと反対方向を向き、歩き始めた。

……嘘だろ？　ハァ？

＊小さな一歩からそれは始まる

何が起きているのか理解できないまま、あとを追う。追いつきそうになると、急にヤツは早足になり、また離される。なんなんだよ。

えっと、なんなんですかね。冗談につきあってる暇ないんですよ。俺、これから仕事行かないといけないし、面白くもなんともないんですけど。

意味不明の早足のゲームは20分ほど続いた。シャツのなかに着ているTシャツがジトッと汗ばんでいる。ネクタイをゆるめ、シャツの上ボタンをはずす。

仙人野郎は突然足を止めると、こっちを振り返って言った。

「20分の運動で何が起きるか、説明しよう。運動すると、脳由来神経栄養因子、**BDNF**[＊6]が分泌される。簡単にいうと、脳にとっての栄養、脳を育てる物質というわけだ。これが分泌されると、脳が活性化し、細胞のつながりや細胞数を増やしてくれる。それによって、新しいことを学びやすくなり、ストレスにも強くなる。それ以外にも、**認知能力**[*7]、頭の回転を高め、注意力や集中力を高める**ドーパミン**[*8]が分泌される。さらには、気分を高めてくれる効果のある**ノルアドレナリン**[*9]、抗うつ効果のある**セロトニン**[*10]が分泌されるのだ。つまり、**たった20分間運動するだけで、脳が成長し**、新しいことを学びやすくなり、それだけじゃなく**認知能力や注意力が上がり、集中力が高まる。**さらには、**気分は高揚し、憂うつな気分を改善**してくれるというわけだ」

俺は少し呆れて言い返した。

いや。そんなのいきなり今日、たった20分だけ運動……っていうか、そもそもこれって『運動』なんて呼べないですよね。ちょっと早足で歩いたくらいで。それでそんないいことがあるなら、毎日営業で歩いていますから、毎日気分がいいはずですよね。でも、全然気分なんてよくならないし。それらしいことを言ってるけど、あなたの話はまるで信じられない。

「ハハハ。そうか。そりゃもちろん運動はきちんと習慣化して行っているほうが心身のためにはいいだろうな。ただ、**たとえ単発でも20分間の運動が効果的である**ことは、俺が立証するまでもなく、すでにアメリカのペンシルバニア州立大学が研究してくれている。その研究では、４つのグループをつくり、１か月間のデータをとった。

グループAは、運動を習慣化し、毎日実行した。

グループBは、運動を習慣化し、毎日行っているがテスト当日のみ行わなかった。

グループCは、運動は習慣化していないが、テスト当日のみ行った。

グループDは、運動はまったくしていない。

普通に考えれば、毎日運動している人のほうが運動の効果が高いように思うけれど、面白いことに、その日、気分がよい、集中力が上がった、安定していると答えたのは、Cの、普段は運動していないが当日のみ運動したグループだったのだ。

そのあとにA、B、Dと続いた。まぁ、ひねくれ者のキミは、『こんなことぐらいで気分がよくなったり、集中力が上がったり、やる気が出たりするわけがない！』と思うかもしれないが、今日はもしかすると少しだけ何かが違うかもしれない。もしかすると、いつもよりも少しだけやる気が出たり、いつもはつまらないと思っている仕事にやりがいを見いだせたり、人からかけられる言葉がうれしかったり、いつもキミが抱いている不安感が減少して、楽観的な気持ちになれたり……もしかしたらだが、するかもしれない。万が一、変化があるようだったら、いつかどこかで会ったときに教えてくれ。ま、今日1日を楽しむんだな」

仙人野郎の長い説明を聞いている間、どんどん汗が湧いてきて、尋常ではない汗がしたたり落ちていた。

出勤前なのに。これから会社なのに。バカか、こいつは。アタマがおかしいのか。何がドーパミンだ、何がノル……なんとかだ！　んなこと知ってたって、今の俺には一銭の得にもならないんだよ！　俺は今の仕事じゃなくて、新しい仕事が欲しいんだよ。

「そろそろ仕事に行く時間だろ」

そう言ったのは仙人野郎だった。

ズボンの後ろポケットからスマホを出すと、画面には、7時50分と出ていた。お、いい時間だ。いつもギリギリだけど、今日は全然余裕だな。もしかしたら、コンビニに寄ってパンでも買えるかもしれない。牛丼屋の朝定……はムリかな。イケるかな？

そんなことを考えながら、くしゃくしゃになった胴回りのシャツをズボンのなかにたくし込み、まくった袖を下ろした。

顔を上げると、仙人野郎はもうすでに向こうのほうに歩き出していた。

なんだあいつ。

駅に向かうのとは逆方向の道を歩きながら、どーでもいいことを考えていた。

あいつ、これからどこに行くんだ？　仕事とかしてないのかな。

……あ。無職なのか！　そうか、そうか。頭はよかったのにどこにも就職できなくてニートになった元一流大学卒業生とか、親のすねをかじって実家でゴロゴロしてる人生のしくじり野郎とか、そんなパターンなのかもな。ってことは、俺のがマシじゃん。仕事もしてるし、自分の金で借りてるマンションもある。そーかそーか。

まとめ

- ジャンクフードは腸内環境のバランスを崩す
- ジャンクフードは感情コントロール能力を低め、出世を妨げる
- 20分運動しただけで、集中力が高まり、憂うつな気分が改善する

シーン3

変化の始まり

「おっはよーございまーす。あれ。どうしたんですか？　鈴木さん、なんか今日、顔色いいですね」

すでに出社して席についていた桜井道子が開口いちばんそんなことを言ったので、意外な気持ちがした。意外というのは、うれしいというよりもむしろ不快感……に近かった。

え？　そお？　いつもと違う？

ちょっとムッとした口調で言ってみる。

「はい。鈴木さん、いつもなんかこう……青白いっていうか、いや違うな。どす黒い？　あ……すいません。血色がよくない。うん。血色はよくないですよね」

あ……そうなんだ。ちょっとけっこうショックなんだけど。ってか、コイツ、空気読めねぇなぁ……。

えっ、てことは、いつもの血色がよくない俺とは違うっていうこと？

「はい。明らかに違いまーす」

……ふうん。なら、顔色がいい、のは褒め言葉と受けとっていいわけ？

「もちろんですー。顔色がいいと、なんかほら、それだけでやる気がある人みたいに見えるじゃないですかー。なんかあったんですか？」

いや。べつに。いや、あったか。ちょっとだけその……運動を……。

後半は少しだけ声が小さくなった。

「え？　運動って言いました？　すごーい。朝、出社前に運動してるんですか？　デキるサラリーマンみたいじゃないですかー」

あ、ううん。今日だけっていうか、たまたまっていうか、もらい事故っていうか。

明日はもうしないと思うけど……。

桜井道子はきょとん？　とした表情でこっちを見、小さい声で「明日もすればいいのにぃ」と言ったあと、自分の手元の書類に視線を落とした。

今日は顔色がいい。いつもは青白いっていうかどす黒い。朝に運動してるとデキるサラリーマンみたいである。

明日もすればいいのにぃぃぃぃぃぃ。

桜井から言われた言葉が頭のなかでぐるぐるまわる。

ぐるぐる、ぐるぐる。ぐるぐる。

「おーい、鈴木。ポテンシャルの報告出せよー。どうなってる？」

自分を呼んでいる部長の声も耳に入らなかったみたいで、隣の席の深山が見かねて俺の肩を叩いた。

仙人野郎と公園で追いかけっこ……みたいな、バカみたいなことをするハメになった日から、数日があっという間に過ぎた。

しかも、このところ忙しい毎日が続いている。

忙しいのに、昼の時間になるとアイツの言葉がパッと脳裏に浮かんで、思い出したくもないのに自分の食生活について考えることになる。これまでなら、なんの迷いもなく毎日カップラーメンでもよかったのに、今はサラダとサラダチキンを毎日味を変えて食べている……という、なんだかヤツに洗脳された状態にある。

クライアントとのアポは相変わらず入っていないことが多くて、それは営業としては現状ダメダメなことを証明しているし、しかも、今、アポが入ってないってことは、営業マンの自分には未来もないっていうことで、それだけで気分が落ち込むのが日常なのだけど、なんだか俺は元気だった。

あ、ちなみに転職活動はきっぱりやめた。

アイツと変な心理テストみたいなことをやったせいかわからないけど、今の会社にいたいのにここでは成功できないから、ほかのところに逃げたらなんとかなるんじゃないかと思っていたことにも気づけた。そして、この会社で何ができるのかにもう少し向き合ってみようと、初めてちょっとだけ前向きな気持ちになれた……と思う。まだ確信が持てないから、仙人野郎のおかげだなんてこれっぽっちも思っていないけど。

一昨日(おととい)は、会社でもトップのチームにいる先輩から、今度営業に同行するか？と言ってもらえた。俺は営業の新人でも、新入社員でもないから、上司からも先輩からもそれほど注目されていない代わりに、信頼もされておらず、できないやつと見られているんじゃないかという被害妄想があって。昼休みにそんなことを少しだけ話したら、じゃ今度、俺についてきて勉強するか？　と言われたのだ。

先輩から声をかけてもらえるなんて機会は、ここ2年くらいのなかで初めてのことで、やや興奮気味に、「何を準備したらいいですか？」と聞いたら、「お。やる気あるな。ただボーッとついてくるだけだったら、すぐに追い返そうと思ってたんだ」と高らかに笑われた。

というわけで、基本的な自社商品の知識の見直しと、必要な情報の暗記を必死でやった。ひとり営業のときは「えーっと、新しい商品の発売日は……今度メールでお知らせしますねー」なんて言えてたけど、さすがに先輩から「いつだ？」と聞かれて、メールで……なんて言えるわけがない。なので、いつもだったら明日やればいいかなぁなんて気楽に考えていたところを、他社比較も含めて、再勉強というわけ。

いや、これがけっこう反省点ありまくりで、俺ってこんなに知らないことが多かったのかー、テヘペロですまない事実を突きつけられた。ま、知らなくたってごまかすことはいくらだってできるんだけどね。

そんなこんなで、ここ数日、復習と予習をこなしている。ずいぶん社内にいる時間も増えて、部長にはちょっと心配されている。営業は電話してるか、出かけてるか……が仕事だからなぁ。

そんなことを考えていたら、部長がポンと俺の肩を叩いた。

「なんか外には出ていないけど、このところやけに熱心に自社商品を勉強してるみたいだな。何かあったか」

「いえ。いや。あーちょっと先輩の営業に同行して勉強させてもらうことになったんで」

「そうか。あいつから学ぶことは多いぞ、きっと。そうだ。今日の夜、ちょっと頼まれてくれないか？　金曜の夜だから……デートとかあったらすまんな」

デートなんて、ないっす！　というわけで、再勉強中の仕事のできない、デートする彼女もいない営業マンの俺は、1週間の締めくくりとして、企画部から4時半までには上がってくるという書類を待ち、山口部長が今夜いる店にそれを届けるというミッションを請け負うことになった。

起業家や政治家たちにも常連が多い、と書いてある雑誌の記事を見たことがある老舗の料亭。山口部長がこの書類を渡すのは、部長の古くからのクライアントで、大切な大切な相手である。書類を渡すだけなので別に緊張する必要はないのだけど、この店構えだけで緊張してきた。

約束は7時からと聞いていたが、店についたのが6時50分。これで部長が来てくれれば、さっと渡して今日は終わりだ。

店の前にボーッと立っている俺のことを店の人が怪訝な顔で見ていたので、山口部長の会社の者で、渡すものがあるだけだと告げると、「山口部長さまと三笠さまにはいつもお世話になっております。どうぞお入りになってこちらでお待ちください」と、入ってすぐのところに置いてある椅子のひとつを指し示した。

「今、お茶をお持ちしますね」という言葉をていねいにお断りして、椅子に座る。

へー。俺みたいな使いっ走りにもお茶出してくれようとするんだ。

なんか、いい身分だよな。こんな店で会食？　商談？

俺にはたぶん一生縁がないいんじゃないかな、こんな高級店。

ま、縁がなくたって、別に死にゃしないけど。

店内を見渡しながら脳内で悪態をついていると、部長が入ってきた。

書類を渡し、やれやれと一歩店を出ると、大きな笑い声を上げながら店に入ってくる、かっぷくのいいおじさんとすれ違う。

「おー山口くん。待たせたかね」

あの人が部長のクライアントの三笠さま……か。すれ違うときに黙礼し、再び顔を上げた瞬間、少し遅れて店に入ってこようとする若い男性の姿を見て一瞬カラダが固まった。

Tシャツじゃないし、デロデロなズボンでもないし、ボサボサ髪じゃなくきれいに後ろになでつけてはいるけれど、あれは絶対に、あの仙人野郎だ！

ヤツは俺に気づかないのか、歩くスピードをまるで変えずに俺の脇を通り、たぶんそのまま店のなかに入っていった。

「車を降りたところで偶然、知り合いに会ってね。ぜひ山口くんにも紹介したくて一緒に来てもらったんだよ」

そんなやりとりが、固まったままの俺の背後から聞こえてくる。

いや、嘘だろ。え。仙人野郎？　いやいやいやいや、まさか。
部長のクライアントと？　この高級店にいる？
知り合いってなんだよ。部長にぜひ紹介ってなんだよ。
違うチガウ、見間違いか。仙人野郎なわけがない。

軽くパニックになりながら、もう一度確認しようとゆっくり振り返る。すると、外から見える店の入り口に、部長とクライアント、あの男がまだいて談笑しているのが目に入った。山口部長が軽く頭を下げるのを、クライアントのおじさんとその男は笑顔で見ている。
笑っている男はゆっくりと顔を店の外に向け、そしていったん口を閉じ、今度は片方の口角だけを上げてニヤッと笑った。店の外を見たんじゃない。外にいる俺を見て笑った。そう。俺を見て笑ったんだ、見間違いなんかじゃない。

あれは仙人野郎だ！　間違いない！

モチベーション改善ワーク

オランダのマーストリヒト大学の研究チームが開発した「モチベーションの改善ツール」を使用した「モチベーション改善ワーク」です。

行動選択のフェーズ

1 何を変えたいのか

変えたいと思っているのに、なぜかモチベーションが上がらないと思っていることをひとつ選んで書き出してください。

（翔太の例）給料をアップさせたい

2 妨げているものは何か

1 のモチベーションを妨げている原因となる自分の行動をひとつ書き出してください。

（翔太の例）転職活動

行動分析のフェーズ

3 妨げの行動をカテゴライズする

2 の行動のベネフィットとコストを4つのマトリックスに分けて書き出してください。

	ベネフィット（メリット）	コスト（デメリット）
短期的	短期的なベネフィット	短期的なコスト
長期的	長期的なベネフィット	長期的なコスト

振り返りのステップ

このエクササイズを振り返り、以下のことを書き出してください。

1 もっとも心に残ったこと

2 自分について新しく学んだこと

3 1と2をこの先どのように実践するかメモする

第2章

自信
ありのままの自分を認める

思いがけない場所で〝仙人野郎〟を見かけ、
本人に確認せずにはいられない翔太
ところがなぜか友人への嫉妬心と
自分への自信のなさを吐露するハメに……
変わるためのメンタルを身につける第2章

シーン4

なぜ他人と比べてしまうのか

モヤモヤが止まらない。

なんなんだなんなんだ。

今、自分が見たのはなんだったんだ!


なんだか無性に腹が立った。これは本人に確認せずにはいられない。

会えるのは公園だ。

今日は土曜だが、ヤツのことだから曜日なんて関係なく生きてるに違いない。

張り切って午前中に行ってみたがいなかった。昼飯を食べて、また戻る。だが、公園のいつもの場所にはいない。ベンチに腰を下ろして30分ほどボーッとしていると、向こうから裸足でこっちのほうにゆっくりと歩いてくる仙人野郎が目に入った。

ちょっと！　アンタ、いったい何者なんすか？　昨日の夜、いましたよね？　あの、なんだか高そうな店に！　しかも、一緒にいた……

興奮でしどろもどろになっている俺に向かって、仙人野郎は人差し指を1本、スッと出し、無言で俺を制した。

な、なんだよ。話しかけんなってことかよ。

ヤツはそのまま俺の前を通り過ぎ、歩いてはときどき立ち止まり、行っては戻りを繰り返している。どうやら例の瞑想中だったようだ。

その間、俺はスマホを見たり、ベンチに座ったり、伸びをしたり、またスマホを見たり、ボーッとしたりしながらヤツが瞑想を終えるのを待った。

しばらく――く待ったあと、仙人野郎は、ゆっくりと俺を見て、口を開いた。

「いつかどこかで会ったときに教えてくれと言っておいたが、思ったより早い再会だったな。で、どうだった、この間の1日は」

っていうか、それよりアンタが一緒にいた……

ヤツは人差し指をゆっくり出し、唇にあててシーッという動きをした。前のめりになって質問する俺を前に、珍しくゆっくりとした口調で、一語一語切って言う。

「この間の朝、この公園を出てから、何が起きた」

ちぇ。なんだよ。別に……。いつもと同じです……

「よ」と言いかけて、桜井道子のあの甲高い声を思い出した。

あー。そういえば、顔色がいいって言われました。

腕のストレッチをしていたヤツの動きが止まった。

こっちを見る。

「そうか。ふん、よかったな。顔色がいいというのは健康であると認識されるので、それだけでアドバンテージだ。スウェーデンのストックホルム大学の臨床神経科学者ヨン・アクセルソンらによると、**人間には疾患等に起因する微妙な視覚的変化をとらえる第六感的能力が備わっている**のだそうだ。顔色が悪い、つまり**青白い顔色をしていたり唇に赤みがないだけで、健康なのに病気だと判定されてしまう。**人間は病気や疲労の兆候を見せる人々を無意識に避けることが知られており、誤解されて排除されてしまう可能性もある。ちなみに、健康的なオトコは、女性からも求められるという研究もあったな。イギリスのブリストル大学の実験心理学者イアン・ペントン・ボーク氏は、**白すぎる肌は免疫系の弱さを示すと考えられ、魅力的とは見なされない**と言っている。女性は男らしい男性を求めるというよりも、『この相手は健康かどうか』という目の前の問題に関心があるのではないか、と」

えっと、そんな俺の顔色のことはどうでもいいです。たった1日だけだし、たまたまあなたに走らされただけだったし。確かにちょっといいこともあったけど、俺の日常は自己嫌悪とフラストレーションのオンパレードですから。つい一昨日(おととい)だって……。

そう、つい2日前のことだったんだ。あまりに直面できなくて、もっとずっと前のことにしようと脳が勝手に操作していたのかもしれない。

珍しく入っていたクライアントとのアポの帰りに、その会社のある駅で偶然、予備校時代の友人に会った。予備校以来だから、もう10年以上も会っていないんだけど、そいつ……中田はテンションも高めで、馴れ馴れしく「臨時収入が入ったから飲みに行こうぜ！」と言ってきた。気乗りはしなかったけど、あいつの雰囲気に気おされて飲むことになったのだった。

あれ、なんなんすかね。中田は自分が仕事でうまくいってるとか、出世したーとか、村井……あ、共通の友人でやっぱ予備校のヤツなんですけど、村井が結婚したぞーとか、そんな話を聞かされると、自分がダメだってことを思い知らされるっていうか。うんざりするんですよね。

「他人の人生がうまくいっていることを知ると、そういう気持ちになるってことか？」

あー、そう言われるとひがんでいるみたいで、イヤな感じがしますね。

「でも、実際は妬んでいるんだろ？　違うのか」

妬んでいる……？　逆に言ったら、世のなかのみんなは、他人が成功するのを心から喜べるんですかね。俺は自己嫌悪に陥ったりすること、しょっちゅうあって。一昨日も中田の話をなるべく聞かないように、できるだけ早く酔っぱらってしまえ！　って飲みすぎたせいで、昨日の朝は地獄の二日酔いだったんですよ。

「わたしたち人間は、とかく他人と自分を比較したがる動物だ。キミに限ったことではない。自分の幸せと他人の幸せ、持っているお金、ＳＮＳのいいねの数まで他者と比較する」

そうですよね。当たり前のことですよね。

「言い換えれば、それが〝人間〟ということなのかもしれない。ただ……」

ただ？

「この**他者との比較、という行為はデメリットしか生まない。**人生の満足度が下がる、メンタルが落ち込んでうつになりやすくなる……なんてことも起こりうる」

そんなことわかってますよ。俺だってメリットだなんて思っちゃいません。でも、心のなかで自然に湧き起こってくるものをコントロールなんてできなくないですか？

「ハハハ。だから、それが人間だと言ったじゃないか」

人間の部分を否定されたらもうどうしようもないですよね。それって、人間だったら逃れられないことだっていうんだから。

「ま、キミがそれだけ憤(いきどお)るのだから、心配しすぎるというキミのパターンは根が深いということだな」

他人と比較するのって、心配だから……なんですか？

「じゃ、なぜ自分とその中田くんとやらをそれほど比べているんだ？ 比べて、なぜそんなにやけっぱちになるんだ」

　そりゃ、人がうまくいってることはすごいなとは思うけど、でも、なんでコイツのほうが俺よりも充実した人生を送っているんだとか、コイツにできてなんで俺にはできないんだって。

「自分で答えを言ったようなものだな。今の言葉を裏返すと、中田が送っているような充実した人生を自分は送れないんじゃないか。中田にはできるけれど、自分にはできないんじゃないかという〝心配〟があるんじゃないか？」

　え、でも、さっきそういう感情を抱くのは当たり前って、アンタ、言ったじゃないですか。

「言ったよ。だから、キミの場合はなぜその根本にあることが心配だったり不安だったりするのか、という話をしようと思っているんだ」

　嫉妬はモチベーションになるので、それがないと成長できないっていう見方もありますよね……。

「嫉妬がモチベーションになるのは、もっと根本のところを区別してからだ。まだ早い」

　はぁ？　なんですか、早いって。

「味噌もクソも一緒にするな。まずは分けて考えようということだ」

＊心配が〝暴走している〟

無性に腹が立って、持っていたスマホを地面に叩きつけそうになった……いや、もちろんやらないけどね。

「いいか、まず黙って聞け。心配や不安の原因がほんとうはどこにあるのかというと、キミが言っている相手が、キミには送れないような充実した人生を送っている、ということではない」

もちろんですよ。中田にできて、俺にできないわけがないじゃないですか！

「そのとおり。だとすると……？　キミが抱いている不安や心配は、現実にはならないかもしれない、ということにはならないか？　だが、その不安や心配に振り回されて二日酔いになっているということは、自分の心配していることがすべて現実で起きてしまうんじゃないかと考えていると言える。つまり、キミは**自分の心配が実際には**

どれくらい現実化するのか確率についてきちんと理解できておらず、単なる自分の思い込みに苦しんでいる、ということになる」

確率？　なんの話をしているんだか、さっぱり……。

「まずは黙って聞けと言っただろう。もう忘れたのか。キミは、記憶力にも問題がありそうだな……。心配する人のなかには、不安や心配はあったほうがいい、むしろ心配しすぎるくらいのほうがいいと考えている人もいる。もちろん、不安や心配することを否定したいわけじゃない。でも、しすぎにはさっき言ったようにデメリットがあることを知っておく必要がある」

心配しすぎのデメリット……ですか。ということは、心配しちゃいけないということなんですかね。

「頭を使わず、すぐに結論に結びつけるのはよくないぞ。〝いけない〟のではなく、心配しすぎにはデメリットがある、と言ったんだ。心配ごとがどれくらいのレベルで起きるのかについて調べた研究がある。その結果、**85％の心配ごとは起きなかった。**また、自分の**心配していたことが〝解決できないレベル〟で起きることは、ほとんどない**とも言われている。これはつまり、キミが心配していることはほとんど起きない。まぁ、起こったとしてもどうにかなるよ、ということだ。ロバート・L・リーヒ著の『The Worry Cure』という本のなかで、被験者に日常の心配ごと、その心配ごとが実際に起きたかどうかを記録してもらうという実験を行った。被験者の38％は日々悩まされている心配ごとがあったが、気にしていた心配は85％の確率で起こらず、それどころかいい結果に終わったものもあった。具体的に言うと、自分が声をかけても誰も相手にしてくれないんじゃないかという心配は、実際に声をかけてみたら友だちができた……ということが起こったというわけだ」

じゃなんで人は心配なんてするんですか？　その心配ごとが起きないんだったら、心配するっていう脳の機能がそもそもなければいいんじゃないですか？

「そのとおり。**人間はそもそもネガティブに考えるようにできている**んだ。とくに、**日本人の９割以上がネガティブな遺伝子を持っている**といわれている。なので、否定的、悲観的に考えやすい。だが、面白いのは、その心配ごとがたまさか現実になったとしても、79％の人が、自分の力で解決できたという結果が導き出されているところだ」

でも、解決できない人もいますよね。心配ごとが原因で、精神的に病んでしまったり、なかには自死を選ぶ人だっている。それはどう説明するんすか？

「確かに。結果的には自分で解決できるにもかかわらず、心配しすぎ、気にしすぎてしまう人は多いという話はすでにした。こんな研究結果もある。2016年、イギリスのサセックス大学で、心配性や気にしすぎに何が起きているかを研究したところ、**気にしすぎや心配性の性格のせいで、心配が勝手に暴走している**ということがわかった。なかには、**実際に心配していることが現実になるよりも、心配している最中のほうが苦しい**と訴えた人もいた」

心配が勝手に暴走！　その表現はちょっとウケますね。心配が勝手に暴れ回っているイメージ……。そうやって考えるとちょっとユーモアが出てきて、アホらしく感じるな。しかも、心配がほんとうに起きるよりも、心配しているときのほうが苦しいなんて。

「人間は誰しも何かしらの隠しごとがあって、『これを知られてしまったら人生が終わる』、だから隠さなければ、守らなければ！　と必死になっている人もいるだろう。でも、実際に知られてみたら、人生は終わらなかった。そして、ラクになったと述べている。映画などでもよく見るシーンだが、実際によくあることだ。

心配が暴走してしまうのは、コントロールできないことが問題だ。コントロールできるようになると、逆に集中力が高まったり、冷静に何かを分析する力を上げることができるというメリットもある。わたし自身もじつは心配しやすいタイプだが、飼いならしてしまうと問題ではなくなる。飼いならせるようになることだ」

コントロール……。それが難しいから暴走しちゃうんじゃないんすかね。なんか、もの知りの人たちって、何かというとコントロールとか言うけど、そんなに自制できる人たちばかりだったら、遅刻も太りすぎも、なんとか中毒とかも起きない気がします。

Work 2

「では、**心配性や気にしすぎが暴走してしまう理由や原因**を教えよう」

仙人野郎はそう言うと、おもむろに地面に腰を下ろし、指で土の上に「①」と書いた。

「サセックス大学が調べた、暴走してしまう理由や原因の5つのまずひとつめだ。

1. 不確実性（あいまいなこと）に耐える力がない[*11]

過度に心配する人は、あいまいなことを〝脅威〟あるいは〝危険〟と解釈する傾向がある。知らない人と会うのは怖い、危険、反社系の人だったらどうしよう。知らない＝危ないという図式だ。もちろん、適度な心配をするのはいい。それが自分の命を守ってくれる場合もあるだろう。起業をする場合、不安が適切なレベルであれば、事業計画書の作成、資金調達、システムの構築、リスクマネジメント等に力を入れて、用意周到に準備ができる。だが、気にしすぎる、心配しすぎてしまうと、結局前に進めず、一生変わらない人生を送ることになる。いつもと同じは安心だが、未来もない。**不確実なものを楽しめるレベルの心配性であることが重要だ**」

ちょっとの心配は身を守ってくれるけど、しすぎは逆効果ってことか。まぁ、当たり前っちゃ当たり前のことですよね。

「ふふ。知ったかぶりめ。では、2つめだ。

2.「注意バイアス」[*12]がかかっている

特定のことを繰り返し考えることによって、そこにしか注意が向かないことを指す。たとえば、何かに注意を向け、そのことばかり考え続けていると、そのものに対する知覚が変化する。注意を向けたことがどんどん膨らんでいくのだ。ポジティブなことに注意が向けられていればいいが、失敗を経験すると、それによって失敗することしか考えられなくなることがある。失敗に注意を向けすぎて、そこにとらわれてしまうのだ」

あぁ。それはよくあるかもしれません。またやっちまうんじゃないか……ってことですよね。それ、注意バイアスって言ったりするんですね。

「では、3つめだ。

3. 心配はいいものだと思っている

心配したくないとか、気にするのはイヤだというものの、心配をやめられない。それどころか、心配しすぎるくらいのほうが何かあったときに対処できる、防げるなどと言い、心配は必要であると考える。ただし、こういうタイプは、**心配している間に具体的な行動をとっていないことが多く、心配しかしていない**という特徴もある」

それはなんとなくわかる気がします。中田のことは気になるし、自分は全然ダメなんじゃないかっていう心配とか不安も確かにある。だからといって、何かやってるか？　と言われたら、やってない……っていうか、何をしたらいいのかわかんないすよね。心配〝しか〟というより、何ができるのか、どうしていいのかわかんない。

「そうか。では、心配ごとが頭に浮かんだら、それを、具体的な行動をとるためのモチベーションの源ととらえてみろ」

具体的な行動をとるためのモチベーション……。

「そうだ。心配ごとに浸るのは、いってみれば贅沢だ。そんなことに延々費やしている時間はない。それよりも、準備など具体的な対策・行動をとることを強く意識するんだ。すぐに行動できないのは重々承知だから、そこもトレーニングが必要だな。心配したら行動する。とれる行動を探す。それを繰り返すこと。考えから生まれるのは、なんだと思う？　〝考え〟だけだ。考えても考えても、そこから行動は生まれない。行動を生むのは、行動なんだよ」

はぁ。わかったようなわからないような……。

「４つめにいくぞ。

4．完璧主義なアプローチをとってしまう

完璧主義な人というのは意外に多いものだ。そういう人たちは、すべての道具や条件がそろわないと何かを始められないと考えている。悪くはないが、あらゆる問題に対処しようというマインドが働き、あげく〝条件がそろわないならできない〟〝すべてに対処できないならやらない〟となり、まるで行動を起こさないという結果になる。**完璧主義者たちが心配する理由は、〝失敗したくないから〟**だ。もっと言えば、成功したいから心配するのだが、その心配が肝心の行動を妨げてしまっているのさ」

あー。それが俺にはいちばんしっくりくるかもしれないです。そうか……。俺って、完璧主義者だったんっすか。それはなかなか意外な感じです。ずっといいかげんだと思ってきたんだけどなぁ。

「もしキミがこれに当てはまるとしたら、キミの心配の意味はどこにある？　心配しすぎの人は、問題は起きたときに対処すればいいというように、余裕を持って考えられない。失敗しないように、すべてを完璧にやろう！　だが、すべてを完璧にするなんて、しょせんムリなこと。キミはいいかげんなんじゃなく、不可能なことを目指しているから前に進めないんだ」

じゃ、どうしたらいいんですか？

「**クリティカル・シンキング**[*13]の能力を鍛えることだな」

出た、横文字！　わかんないっすよ。なんですか、それ。

「クリティカルとは批判的とか批評という意味を持つ英語だが、否定的に何かや誰かを批判する、あら探しをするという意味ではない。目の前の事象や情報を、感情や主観にとらわれず、論理的・構造的に思考するパターンのこと。つまり、ほんとうにこれでいいのか？　という客観的視点から物事を見ることで、より正しい論理につなげていく思考法だ。この考え方を身につければ、『準備はこのくらいにして、サイアクのことが起きたらこう対処しよう』というように、自分がいつも無意識にとっている行動や考え方を意識化でき、客観的かつ分析的に振り返ることが可能だ」

いや、そんなのムリですよ。ムリ！

「まぁ、今のキミにはムリだろうな（笑）。ただ、もしもこの考え方に興味があるなら、読書が効果的だ。どんな本でもいいが、最初は情報を得るために素直に読む。2回目、3回目は鵜呑みにしない力、クリティカル・シンキングを養うために読むといい。すべてを疑ってしまうと何もできないが、突っ込みを入れながら読むことも大事だ」

本を3回も読むんですか？

そっちのほうが、なんとかシンキングとやらを身につけるよりもハードルが高いように思えるんですけど……。

「さて。心配性や気にしすぎが暴走してしまう理由や原因の最後の項目だ。

5．ネガティブモードになっている

心配性の人は、そうでない人よりもネガティブな気分を経験する割合が多い。ネガティブな気分自体は、悪いことではない。むしろ、ある意味において大事な要素だ。分析的思考が高まる、細かいものが見える、データを見る力が上がる、嘘を見抜く力が高まると言われている。ただ、さっき言った〝気にしすぎが暴走しているタイプ〟がネガティブモードに陥ると、つねにネガティブになるので注意が必要だ。**分析しすぎの状態になってしまい、行動が起こせなくなる。**いつになっても問題解決のめどがつかない。いろいろやってはみるものの、問題解決のための大きな一手をとらない。比較分析をしすぎて結果的にどれもやらない、ということになる。さらに厄介なのは、ネガティブな気分が問題解決につながる、自分にとってプラスになると思っているいやがることだ」

い、いやがる……って（笑）。

「まっとうそうな理由をつけて、何も行動しないことを正当化するやつが、わたしはいちばん嫌いなんだ（笑）。もしもキミがいつまでたっても考えてばかりで行動がとれないようなら、気にしすぎの傾向があると考えたほうがいいだろう」

そう言い終えた数秒後、5時を知らせる音楽が鳴り響いた。

その瞬間、スタスタと歩き始める仙人野郎。

え……?

あっけにとられる俺を一瞬振り返って、「じゃあな」と言うと、あっという間に木の後ろに見えなくなってしまった。

まとめ

- 他人と自分を比べてしまうのは心配だから
- 心配ごとのほとんどは起こらない

シーン5

どんな自分も受け入れる

最後に公園で仙人野郎に会ってから、早いもので2週間が過ぎた。

転職活動をやめてから、日常にも少し変化が訪れている。

久しぶりに夕方早めの時間を選んで例の公園に行くと、仙人野郎がまた裸足で歩きながら瞑想とやらをしているのが見えた。

あの！　この間、予備校で一緒だったあの中田から同窓会の連絡が来て、行ってきましたよ！

そう声をかけると、足を止め、こっちを見ながらこう言った。

「同窓会か。ふっ。懐かしい響きだな。で、何か面白いことはあったのか？」

昔の仲間と会う機会。誰かの結婚式だったら気おくれしたかもしれないけど、同窓会なら行けそうだと思い切って出かけた。

今の自分はまだまだまだだけど、先のことが見えなかったときよりも少し、ほんの少しだけマシな気がしている。自分の心配が暴走してしまうときのパターンには、めちゃくちゃネガティブモードに陥るか、心配して何が悪い！　と開き直るパターンがあることに気がついた。ほかにも、違うパターンで心配する人がいることを知って、ちょっと安心したたし、自分の心配が現実になることを本気で恐れている……というよりも、単に自分のパターンにすぎないってことが、うっすらだけど見えてきた。

そう考えられるようになると、気持ちはずいぶんラクだ。

昔の自分とどう比べられるのかわからないけど、参加してみんなの反応を見てみたいと思う余裕が出てきた。

仙人野郎は、そんな俺の話をウロウロと歩き回りながら、無言で聞いていた……っていうか、聞いていたのかどうか俺にはよくわからなかったが、過度な注意を向けられることなくひとりで自分のことを話しているのは、意外にも心地よかった。受けたことはないけれど、カウンセリングってこんな感じなのかもしれないなと、ふと思った。

アンタにいろいろ聞かされて、ちょっと洗脳されてるんじゃないか？　と思ったりもするけれど、でも、納得いくことも少しだけあって……。もちろん納得いかないことのほうが多いんだけど。

「少しだけ？　冗談だろう？　かなりの確率で言い当てているはずだけどな」

いや、そうは思いませんけどね。でも、いくつか気づけたことで自分を見直すことができるようになった……とは思います。

実際、久々に会う昔の仲間の顔を見ながら、一緒にいたのは10年以上前なのに、つい昨日会ったばかりのような馴れ馴れしさで来るやつも、顔すらほとんど記憶に残っていないやつもいて、不思議な気持ちだった。

俺自身、予備校時代は、今よりももっとモヤモヤしていて、世のなかとかシステムとか、自分では直接どうにもならないことにめちゃくちゃ不満を持っていて。何人かに「オマエ、あのころはずいぶんイライラしていたよなぁ」なんて言われた。

ただ……あのモヤモヤやイライラはなくなったんですけど、そのぶん、「自分がいけないんだ。自分が成長しないからだ」と自分を責めることは増えた気がするんですよね。でも、それって成長している過程でよく起きることなのかなと思ったりもしますけど。

「自分に厳しくしたほうがいいというのは、確かに昔からある考え方のひとつだ。自分に厳しくすることで、パフォーマンスを高めよう。自信が持てるようになれば、すべてうまくいくという考え方もあるだろう。結論から言うと、最近の心理学は〝自信〟についてけっこう厳しい見解を持っている」

……というと？

「ポジティブ思考や、いかにして自信を持つかなどというアドバイスによって、結果として自信が持てる、ポジティブになれるならいい。だが、**自信が持てるようになるために、あるいはポジティブになるために何かをするのは、実際はネガティブな効果しか生まない**ということがわかってきているのだ。つまり、自信の育成やポジティブ思考は、自分のメンタルが強くなったあとに、行動の結果として付随してくるものであって、目指すものではないということだな」

ふうん。そこを目標にすると、本末転倒になるっていうことですか？　確かに、その理論はわからなくもないです。ただ、自分を責めるっていうのは、やっぱり自分に自信が持てないからなんですよね。俺は自分がそうだからよくわかる。人や世のなかを悪者にしていたときは気がつかなかったけど、少し自分のことに意識が持てるようになったら、自分はなんてダメで、ちっぽけで、能力がなくて、って思って……。そんな自分が好きじゃないです。だからこそ、自信が持てるために何かをやりたい、頑張りたいと思う。それがネガティブな結果しか生まないなんて言われたくないです。だって、努力してネガティブな結果を招くなんておかしいじゃないですか！

「じゃ、どうしたら仕事や人間関係だけじゃなく、キミの人生がうまくいき、自信を持つことができると思うか？　どこを目指したらそれが手に入る？」

そんなこと……わからないから聞いているんですよ。俺は、自分に満足いかないことだらけだけど、それでも少しずつ前に進むために努力をしようかなと思い始めたところなんです。せっかくそう思えるようになったのに、それを一刀両断するようなことを言われて。正直、どうしていいかわからないっす。

「ふむ。これからわたしが話す内容を聞いても、キミはやっぱり〝どうしていいかわからない〟と言うだろうと思う。なぜなら、キミがやろうとしていることとまったく正反対のことだからだ。いいか？　自分の悪いところを直すのではない。いかにキミが自分自身を受け入れられるか。それがポイントだ」

……は？

……は？

言葉が出ない。

自分を変えたいと言っているのに、受け入れろ？

それじゃまるで成長がないじゃないですか。成長は、今の自分に甘んじず、もっと上を見ることで、今の自分に満足しないことが何より大切なんじゃないんですか？

「今言ったのは『**セルフコンパッション**[*14]』という考え方だ。自分を責めず、自分に対して思いやりや共感を持つこと。**セルフコンパッションの能力が低いと自分を責めす**

めすぎる傾向にあるのだが、**自分を責めすぎるとあらゆる面でうまくいかなくなってくる**ことが、さまざまな研究で明らかになっている」

せるふこんぱ？　アンタはよくカタカナ使って俺を煙(けむ)に巻くようなことをするけれど、そんな考えじゃ自分に甘くなるだけだと思うな。自分を甘やかしたって、いい結果は出ないと思いますよ。俺はしがない営業マンですが、これでいいんだ、このままでいいんだ、なんて言ってたら、成績は全然伸びていかないです。

「だが、実際は**自分を認めることができている人のほうが、能力が高い**と言われているんだよ」

自分を認められる人のほうが、能力が高い？

「そうだ。自分を認められるというのは、できなくてもいいよ、またいつかやればいいよという甘やかしとはまるで異なる。自分のことを認められない人は、物事がうまくいかなかったときに、思考に2つのパターンがあると言われている。ひとつは、なんて自分はダメなんだと自分をムダに責め、自分にとってより難しい義務を課すことを考える。たとえば、１００の成果を出そうと思っていたのに、70しか出せなかった。俺はダメなヤツだ。よし、次は１２０を目指すぞ！　というようにな。もうひとつのパターンは、今回はうまくいかなかったけど、なんとかなるさ！　と、まずい現実から目を背けて対策をしないタイプだ」

ひとつめは反省していて、2つめは楽観的にモチベーションを上げてるってことですよね？　それのどこが悪いのか、俺にはわかりません。

自分をムダに責めるってアナタは言ったけど、〝ムダ〟かどうかなんてわからないじゃないですか。きちんと反省してるだけかもしれない。この2つがいけないなら、そのせるふこんぱ……とやらのタイプは、物事がうまくいかなかったときにいったいどう対応するんですか？

「**セルフコンパッションの能力が高い人は、目標としたところに達することができなかったとき、まずその事実を受け止める。**そして、目標に達しなかったのには理由があるはずだと、理由や原因となることを考える。うまくいかなかったことへの対策をすれば必ず道は開けるだろう。そんなふうに考えることができるんだ。この〝ムダに自分を責めない〟というセルフコンパッションの能力を持っている人は、人生がうまくいきやすいし、大きな成果を手にすることができる」

なるほど。じゃ、あなたの言っていることが正しいと仮定しましょう。では、俺みたいな人間は、自分を責めない！ と決めればいいということですか？ 責める言葉が頭に浮かんだら、歌でも歌って考えないようにストップするとか？ 自分が納得いっていない現実をただ受け入れろと言われても、かなり難しいっすよ。

「そのための**マインドセット**[*15]を紹介しよう。これからの人生のなかで、きっと有益な結果をもたらしてくれるだろうからな」

Work 3

＊自分を責めないためのマインドセット

仙人野郎は地面を指さして、俺にそこに座るよううながした。

「いくつかあるので、今日はまず**3つのマインドセット**をキミに伝える。これから言うことは、決して目新しいことではない。過去に耳にしたことがあるかもしれない。ただ、いつものひねくれた聞き方で、『はいはい、そんなことはわかってますよ』などと聞くことは、この数分間だけはやめてほしい。キミのこれからの人生において何回も遭遇するであろう〝うまくいかなかったとき〟に、この3つが簡単に思い出されるよう、そしてこのマインドセットがいつかキミのものになるような聞き方で聞いてほしい。

まずひとつめのマインドセットだ。**失敗とは、学習である**」

思わず、聞いたことあるぜ！　と突っ込もうと思ったが、顔を上げた瞬間、目に入った仙人野郎の横顔がいつになく真剣だったので言えなくなった。

「失敗、イコール学習。人間は何かを失ったときにしか学ばないものだ。人間の記憶というのは、悔しさや失敗したときのネガティブな感情によって刻み込まれる。何かに挑戦したとき、わたしたちが手にできるのは、２つだ。**失敗によって学習を手に入れるか、成功によって報酬を手に入れるか**」

はい。そこは理解できます。

「誰だって失敗するよりも成功したいと思っているだろう？　ただ、成功は残念ながら学びにはつながらない。なぜだと思う？」

いや……。成功したら、それなりに学びになると思いますよ。なんで成功できたのかとか、何がうまくいったのか、とか。

「なぜ学びにつながらないのか。成功したときは、うまくいった理由を特定できないことが多いからだ。もちろん、目標に向かってとった行動が成功につながることもあるだろう。だが、単にタイミングがよかっただけということもある。そこの見極めに比べたら、失敗の理由はわかりやすく、失敗から学び、改善していくことがわたしたちにとっての学習という行為になる」

成功では学びがない……んじゃなくて、いろいろ努力して学んだから成功があるんじゃないんですか？

「そのとおりだ。成功は、努力や学習の上に成り立っている。ただ、人は成功だけしていられると思うか？　キミは失敗が嫌いか？」

嫌いです。好きな人なんていないと思うけど。

「そうか。小さな失敗から大きなものまで、わたしはけっこう経験してきたほうだと思う。好きか？　と聞かれたらわからないが、嫌いじゃない。失敗したくなければ、何にもチャレンジしないか、あるいは一度成功したことをずっと続けていればいい。ただ、それでは前進できないし、新しい学習もない。だから、つねに新しいことに挑戦していく必要があるのだ。わたしたちにとって失敗は必要で、失敗することでしか前に進むことができないからな」

まるで納得できないという表情をしていたからかもしれない。ヤツは俺の顔をジッと見て、「失敗を受け入れられるメンタルを持たない限り、成長はないぞ」と言った。

＊自分と他人を比べることの無意味さ

「**2つめのマインドセットは、自分と他人を比べないこと**だ。キミはその〝他人〟ではないので、そもそも比べる意味がない。まったく違うものを比べても、意味がないだろう？　カレーとそばを比べたって仕方がないのと同じだ」

何言っちゃってるんですか。カレーとそばは比べる意味があるでしょう。まったく違うからこそ、どっちを食うか真剣に悩むんじゃないですか。

「アホか。昼食にどっちを食うか悩めって話じゃないよ。では、そばとカレー、どっちが優れている？」

そばは、ツルツルとしていてノド越しがいいから、たとえば食欲のないときや気分がすぐれないときにも食べられる。豊かな香りもいい。そばはやっぱりせいろで食うのが俺は好きです！　カレーは……。

「どっちが優れているのかと聞いたんだ」

え？　優劣は決められないですよ。だって、違いすぎますから。

「そこだよ。それでいいんだ。キミがもしも他人と自分をつい比べてしまうとしたら、そばとカレーの優劣を真剣に決めるのと同じくらいバカげているということだ」

なるほど……。理屈はよくわかりました。ただ、人となるとちょっと違うような気がします。俺、転職をやめて今の会社で頑張ろうと思い始めたんですけど、そう思ったら、先輩に声をかけてもらえたり少しずつ変化が出てきたんです。営業職が自分に向いているかどうかわからないけど、まずは現職で何かしらの結果を残さないと、と。

そうやって考え始めたら、自分のこれまでの成績とか、人脈、信頼関係とかがえらく薄っぺらいものだってことに直面したんですよね。俺に声をかけてくれた先輩は、営業でもトップのほうにいて、話もうまいし前向きで、さわやかで……。何回か先輩の営業に同行させてもらったんすけど、人あたりがすごくいいのでクライアントからの信頼も厚いような気がして。俺、今のところからどうやったらあんなふうになれるのか、まったく道が見えなくて。

今の話を聞いていると、カレーとそばに優劣をつけるのは難しいけど、俺の場合は人間としても営業としても、劣っているところばっかりなんですよ。マジで。比べるなとか、比べても意味がないって言われても、正直ムリです。

「その先輩のようになりたいのか」

はい。

「そばがカレーに憧れて、なんとかカレーのようになろうとあがいているようだな。どうやったら長〜いボディじゃなくて、小さいツブツブになれるのか。茶色いつゆに身を浸すんじゃなくて、どうやったら黄土色になれるかな。そばのあのすばらしい10種あるとも言われる深い香りを捨てて、まるで違うスパイスの匂いを纏えるかな……」

なんか……イヤミですね。

「イヤミ？」

そうです。あなたはいつもそうやって俺のことを小バカにしたように話すけど、人の気持ちを考えたことがないんですか？　そりゃ、俺なんてあなたから見たらちっぽけかもしれないけど、それでも成長したくてもがいているんだ。

「心外なのはこっちのほうだな。キミのことをちっぽけだなんて、わたしは一度も思ったことがない。今、わたしが描写したのは、カレーに憧れるそばのマインドセットだ。キミが先輩に憧れるのはいい。目標にするのもいい。ただ、自分と比較して、自責の念にかられて、落ち込むのは違う」

他人と自分を比較して落ち込むのは違う……？　そんなことは、頭のなかではわかっているさ。

でも、そんなふうに、理屈じゃわかっていてもできないのが人間、なんじゃないんですか？

「いいか。人間は他人のことがよく見えて、自分のことは客観的に見えないものだ。事実、わたしたちは自分の全体像を肉眼で見ることすらできない。自分を責めすぎてしまう人は、自分にはよいところもあるし才能もあり、なにがしかの成果も出しているのにそれが見えないのだ。そして、**自分を卑下したマインドのまま客観的に見ることのできる他人を見ると、ずいぶん自分とは差があるように見えてしまう**。だから余計に自分を責めることにつながってしまうのだ。わかるか？　自分と他人を比べるという行為自体が、ムダに自分を責めることにつながる。その行為を、わたしは『愚かだ』と思う。キミ自身のことじゃない」

客観的に見られる他人と、見えない自分を比べても意味がない……。

「そうだ。他人と比べるよりも、過去の自分と比べることだ。昨日の自分でも、1週間前の自分でも、それこそ10年前の自分でもいい。そうすれば、前に進んでいる感覚を得ることができたり、挑戦することができているかを確かめることもできる。前回より、昨日よりも少しだけ前に進んでいれば、それでOKだ」

＊ 正解はひとつではない

「最後のマインドセットにいくぞ」

あ。はい。

「**3つめのマインドセットは、正解はひとつではない**ということだ。正解はひとつしかないと思うと、その方法で失敗したときにもう終わりだと考えてしまう。たとえば、いい大学に入らないとダメ、大企業に就職できないとダメ。一流の会社で成功しないとダメ、女性は30代のうちに結婚しないとダメ、男性は年収が3000万円以上でないとダメ……。世のなかにはクソみたいな基準がゴロゴロしている。わたしは昔から少し〝普通〟とは違っていたようで、小中学校の通信簿でもよく指摘を受けた。

落ち着きがない、協調性がない、内向的である。でも、それを〝普通〟の方向性に持っていこう、みんなみたいになろう！　と頑張ったら、おそらく今のわたしはないだろう」

へぇ。ちょっと驚きです。普通と違うのは感じていたけど、アンタは昔から優等生で、先生からもかわいがられていたタイプなのかと思ってました。

「先生からかわいがられる？　ハハハ。先生にかわいがられることが〝いいこと〟だなんていう発想もじつにくだらない。誰かひとりに認められることや、みんなと同じことが正解と信じているような、そんなマインドこそ間違っている」

はぁ……。でも、先生とか上司に認められることって、学校とか会社で生き抜くためにはとっても重要なスキルなのかなーって。

「何かを達成するためには無限の方法があって、自分に合った方法を自分自身で見つければいい。未来は誰も経験したことがないし、想像もできないような時代が来ている。だから、キミが将来に向かって新しいことをしていくつもりなら、なおさら、正解はひとつではない。もっと言えば、キミに見えている、あるいは、世間で正解だと言われていることとは異なる正解を見つけないと成功しないとも言える」

世間とは異なる認識、正解を見つけないと成功できない……。

「キミがこの先何をするにしても、唯一の正解、絶対の正解というものは存在しない。むしろ、複数の正解を導き出すことが現代においては強みになるだろう。ほかの人が思いつかない正解をいくつ探せるのか。そんなゲームだと思って、楽しむことだ」

妙に説得力があった。なるほど。ちょっとわかった気になってきたぞ。まずは自分でも叶えられそうな夢とか目標を見つけます。

「ハッハッハ。成功したいなら大きな目標を掲げて、それを追いかけるべき、とでも思っているのか？　それこそ幻だよ」

ちぇ。なんだよ。せっかくやる気になったところで、また水を差すんすか。アナタは俺を力づけているんですか？　それとも暇つぶしに俺をコケにしているんですか？　全然わかんねーよ。だって、有名になったスポーツ選手とか、小さいころからの夢に向かって突き進むことが成功につながるとか言ってるじゃないですか。それなら教えてくださいよ。夢や目標の何がいけないんですか？

「時代は変化する。だから、子どものころになりたかった職業と大人になってからなりたい職業は変わって当然だ。高校の進路指導の先生も、自分は最初から教師になるために生まれてきたかのような態度で子どもたちに将来をせかすが、まだ知らないことの多い子どもたちに、少ない選択肢のなかで夢を決めさせようとすることは甚だ疑問だ。今の子どもたちが大人になったときには、今ある仕事の半分はなくなっているだろう。だから、今ある選択肢からひとつを目指すことは、ある意味リスクにしかならない」

いや。それはわかります。俺のじいちゃん、昔は牛乳屋だったんです。今じゃちょっと考えられないけど、ビンの牛乳だけを販売する店をやっていて。新聞配達みたいに、毎朝いろんな家にビンの牛乳を配達するのが仕事でした。俺もおっきくなったらじいちゃんの配達手伝いたいなって思ってたんですよね。

「企業の試みに関するこんな論文がある。**業績の低いダメな企業ほど大きな目標を掲げているケースが多かった**と書かれている（ノースカロライナ州デューク大学、2011年）。実際に業績のいい企業ほど大きな目標は立てず、生産性の悪化につながりそうなリスクを減らすことやムダを減らすことにとり組んでいた。ムダを減らし、挑戦したいことやチャンスが見つかったときに全力を傾けることができるよう準備をしておくことがポイントだったわけだ。ハーバードビジネススクールのワーキングペーパーでは、**大きな目標を立てれば立てるほど失敗しやすくなる、目先の利益を優先して利益を損なう、モチベーションが破壊される、不正やズルをするようになる**という結果を導き出している」

へぇ。大きな目標を立てるほど、いいのかと思っていました。そのほうが、未来が引っ張ってくれるというか。失敗しやすくなるとか、モチベーションが破壊？　不正やズルをする。これまで思っていたことと違いすぎて、すぐには受け入れられないけど。

「だから、キミは自分が今やりたいことをやれ。そして、やるべきことが決まったらそのことに全力で集中するんだ。もしも違うことがしたくなったり、ほかの可能性を見つけたり、得意なことが見つかったらそのときに乗り換えればいい。事実、天職と呼べる職業に就いている人たちがどのようにしてその職業に出合ったのかというと、「偶然」と答えた人がいちばん多かったと言われている。自分がとことん熱中することができることを探し続けること。想像力を持って、今を全力で生きること。これができていれば、必ず可能性が見えてくる。そこから未来につながり、目標になり成果になり夢になる」

今、やりたいこと……か。困ったな。それが見つからないんです。いや、それをようやく探し始めたっていうまだスタート地点に立ったばかりで。今までは何をやっても中途半端にしかならなかったので、小学生じゃないけどやりたいこと、なりたいものの選択肢も少ないし。そこを突かれるのがいちばんツライです。

「そうか。キミは毎朝何時に起きる？」

朝、ですか？　えーとぉ……8時くらいですかね。

「それで会社には間に合うのか？」

はい。ギリギリですけどね。8時15分の電車に乗れば8時40分には駅について、始業前にはデスクにつくことができます。

「では、まず朝7時半に起きろ。毎朝余裕を持った時間に起きてみろ。ほんとうは運動を入れたいところだが、まずは起きることからだ」

えっと……今やりたいことから
なんで朝起きる時間になるんですか？

いや、全然わかんないんですけど。しかも運動なんてムリですよ。毎日、仕事で遅いし、終わるころにはぐったりなんですから。

「ぐったりしているのか。それはいい。**だるい、疲れる、仕事の前に疲れたくない。こういうときこそ、運動したほうが回復が早くなる**ことも結果として出ているからな。現にこの間、20分走っただけで同僚の女性に顔色がよくなったと言われたんだろう？」

いや、それは……。

「運動は毎日じゃなく、たった1日やっただけでも効果があるというイリノイ大学の研究もあるしな。だが今はいい。そんなことしたら、キミは秒でつぶれるだろうから。朝7時半に起きること。そして、週に1回、せめて10日に一度はここに来るんだ。いいか？」

＊思考の癖とは習慣である

俺はなんだかまた、煙に巻かれたような気分になっている。朝7時半に起きろ？ でも、運動はするな？ したら今の俺は秒でつぶれる？ なんでだよっ。

「これは、キミが新しい習慣をつくるための布石(ふせき)、基礎石だ。南カリフォルニア大学で習慣をテーマに研究を行うウェンディ・ウッド氏が、テキサスA&M大学の学生70人を集めて行った研究がある。これによると、**わたしたちが過ごす日常は、なんと3分の1から2分の1が習慣的な行動で占められている**というのだ。この調査は習慣化された行動がまだまだ固まっていない学生を対象に行われたものなので、社会人や年を重ねた人ほど習慣化された行動は増えているかもしれない。としたら、人生の半分以上は、習慣化された行動で構成されている。つまりだ。習慣をコントロールすることができたなら、人生の半分以上が思いどおりになるということ。人生は習慣である」

習慣……ねぇ。自分の毎日を思い返してみても、そんなに習慣なんてないですよ。朝起きてトイレに行って、そのまま顔を洗って歯を磨くとか、そのぐらい。あと、靴下は左足から履く。普段は右利きだけど、定期は左手でタッチする。あとは……乗る電車の位置も決まってないし。あ、時間は決まってるか。

「**自分でも意識していない習慣化された行動は驚くほどたくさんある**と、その研究でも明らかになっている。だからキミが意識できる行動は、最大でも全体のわずか4割にすぎない。思い出したり書き出したりしても、実際はその倍以上あるということになる。だから、人生の半分以上を変えるためには、そこを占めている習慣的行動のマネジメントが大事になってくるというわけだ」

何度もこんなこと言うのはイヤなんですけど、俺、ほんとに意志の力が弱いんですよね。長く続いたことなんてないし。なので、今から謝っておきます。新しく何かの習慣を身につけるのなんてムリですよ。

「新しい習慣を身につけるときは、意志の力があったほうが有利だけれど、では意志の力がない人は習慣が身につけられないのか？　というと、そんなわけはない。習慣化するのに必要なのは技術で、それを学べばいい。そして、**誰でもできるような小さくて簡単な習慣から身につけていく**ことだ。習慣をつくるのは、面倒くさい、しんどい、ツライと思っている人がけっこういるんだが、じつは長期的に見ると、生活はものすごくラクになる。なぜかというと、**人間の脳がいちばん疲れるのは意思決定**だからだ。**意思決定をすればするほど、脳は疲れてくる。朝起きたときがいちばん物事に集中したり自分をコントロールできるのは、意思決定疲れを起こしていないから。**朝からジャンクフードを食べる人は少ないけれど、脳が疲れてくる夜になると、脂たっぷりのラーメンを食べてしまったり、かわいい彼女や妻がいるのにお姉ちゃんとイチャついちゃったり、自己コントロールが崩壊した行動をとりがち。それも脳の疲弊のせいだ」

夜になって疲れるのはみんな同じですよね。ではどうすればいいんですか？

「意思決定をしなければいい」

はっ？

「つまり、**習慣的な行動で生活を構築すればいい**ということだ。仕事や人間関係で疲れてしまうという人は習慣やルールを決めておくといい。人に誘われたときのチェックリストはわたしもつくってあるけれど、そのリストに当てはまった場合はその誘いに乗らないと決めておく。そうすれば、何も考えないで答えが出せるだろう？　故スティーブ・ジョブズやマーク・ザッカーバーグが毎日の着る服を決めているように、意思決定疲れを防ぐためにやれることはたくさんあって、感情や意志によらないシステムづくりをすることが大事だ。同じことをずっと続けている人を見ると、すごいなぁ、意志が強いな。などと思うかもしれないが、意志の力が必要なのは最初だけだ。習慣が一度確立してしまうと、とてもラクであることを覚えておくといい。しかも**続ければ続けるほど、どんどんその行動をとるのがラクになってくる。**キミは毎朝歯磨きをするのに、大変だと思うか？」

いや。そうは思わないです。

「そうだろう。すでに確立されていて、長期的な習慣になっているからだ。もうひとつの研究では、**習慣を身につけることで意志の力が強くなる**という発表もある。大きなことでなくてもいい、**小さい習慣をたくさん身につけるほど、意志の力が強くなる。**ということは、意志の力があるから習慣が身につくのではなく、小さい習慣をたくさん身につけていくと自然に意志の力が強くなるということだ」

はぁ。

「どうだ。目からウロコだろう？ **意志の力を身につけるなら、まずは習慣を身につけることが近道である**というわけだ」

まとめ

- 自分のことを認めることができている人のほうが能力が高い
- 大きな目標を掲げるより、今を全力で生きることが未来につながる
- 人生を思いどおりにしたいなら、まず小さい習慣を身につけること

Work 2 心配しすぎ改善ワーク

サセックス大学が調べた「心配が暴走してしまう5つの原因」を応用した、不安や心配しすぎを改善するワークです。次の 1 から 5 を踏まえて、なぜあなたが心配しすぎてしまったり、不安で仕方がなくなってしまうのか、考えてみましょう。

1 不確実性（あいまいなこと）に耐える力がない

あいまいなことを〝脅威〟あるいは〝危険〟と解釈して、「知らない＝危ない」と思ってはいませんか？ それがほんとうに危険なことなのか、考えてみましょう。

2 「注意バイアス」がかかっている

心配や不安に注意を向けすぎていませんか？ 注意を向けすぎると「注意バイアス」がかかり、認識がゆがみます。まずは「注意バイアス」がかかっていないかどうか、俯瞰してみるだけでも「注意バイアス」から抜け出す効果があります。

3 心配はいいものだと思っている

心配しすぎるくらいのほうが何かあったときに対処できる、という考えは、心配ごとがあったときにすぐ動ける人にのみ有効な考え方です。もし、心配するだけで行動に移していないのなら、心配をすぐ行動に移すトレーニングが必要です。

4 完璧主義なアプローチをとってしまう

すべての条件や道具がそろわないと何かを始められないという完璧主義な人は、なかなか行動を起こせません。なぜ行動を起こせないのか、その背景に「失敗したくないから」という理由がありませんか？

5 ネガティブモードになっている

つねにネガティブに物事を見る人は、「ネガティビティバイアス」がかかり、心配することが癖づいてなかなか抜け出せません。あなたにも「ネガティビティバイアス」がかかっていないかどうか、自分を俯瞰してみてください。

MEMO

セルフコンパッションを高める マインドセット・ワーク

あるがままの自分を認めるセルフコンパッションの能力が低いと、自分を責めすぎる傾向にあり、あらゆる面でうまくいかなくなってくることが、さまざまな研究で明らかになっています。そこで、ここではセルフコンパッションの能力を高める3つのマインドセットを紹介します。

マインドセット1

「失敗とは、学習である」

成功は学びにつながらないことが多いもの。なぜなら、成功した理由を特定できないことが多いから。失敗の理由はわかりやすく、新しい方法にチャレンジする動機にもなります。つまり、失敗は大きな学習のチャンスなのです。

マインドセット2

「自分と他人を比べない」

客観的に見ることができる「他人」と、主観的にしか見ることができない「自分」を比べても意味がありません。自分をムダに責めることにもつながります。比べるなら、過去の自分と比べること。そうすると、前に進んでいる感覚を得られたり、挑戦できているかを確認することができます。

マインドセット3

「正解はひとつではない」

正解がひとつしかないと思うと、失敗したときにもう終わりだと思い、行き詰まってしまいます。世間が思う正解ではなく、自分なりの正解をいくつ探せるのかが重要です。するとひとつの正解にたどりつかなくても、別の正解への道を歩むことができます。

挑戦
新しい習慣を身につける

少しずつ変化が起こり始め、
Dをメンターとして認識し始めた翔太
Dは、痩せないのも、断ることができないのも、
いつも時間がないのも習慣のせいだと言う
最小で最大の効果を上げる習慣化をうながす第3章

シーン6

なぜ習慣が重要なのか

けたたましい音量で、部屋中にアラーム音が鳴り響く。

7時半だ。

初日はすぐに起きられず、5分後に設定されているスヌーズに2、3回は起こされながら、なんとか8時前にベッドの上で体を縦にすることができた。

あれから10日。今は、アラームが鳴るとすぐに起きられるようになっている。あんなに朝が苦手だったのに、人間の体っていうのは、ちゃんと状況にアジャストしていくもんだ。すごいなぁと思う。

そういえば、先日、うちの営業の企画が通って、チームリーダーみたいな役目を3日前に言い渡された。うれしい反面、さっそくなんだか頭の痛い事柄も増えてきた。

ヤツと約束したとおり、公園に会いに行く。

祝日の昼間、人出はそこそこで、家族連れが多い。そこにいい年の男が2人。ウロウロ歩く男と、その男のほうを向いて地面に座っている男。はたから見たらどんな関係だと思うんだろう。

「今、体脂肪率はどのくらいだ？」

俺の顔を見て、すぐにDが言う。あ、Dというのは仙人野郎の仮の名前だ。いや、仙人野郎がニックネームだったんだけど、そう呼ぶのはあまりにも失礼だということで、前回別れるときに名前を聞いた。ディー。ま、これもきっと仮の名前で、本名じゃないと思う。

いきなりっすか？　わからないけど……24％くらいですかね。いや、ぜんっぜんわかりません。

「にじゅう……よん？」

なんですか。その呆れた言い方。体脂肪なんて気にしたことがないので、よくわからないです。会社の健康診断のときに年1回で測るくらい。覚えてないっす。

「**体脂肪率8%から15%だと腹筋が割れるか、もしくはうっすら腹筋が見える**くらいにはなるぞ。せめて15%以下にしたらどうだ。健康にもいい」

あの……べつに腹筋なんて割らなくてもいいです。

「そうか。でも、彼女も欲しいんだろう？」

あ。はい。それはそうですね。

でも、体脂肪率24%だと女性とつきあえないっていう研究結果でもあるんですか？

「2742人の独身男女を対象にした、シドニー大学の研究があるぞ。モテない要因の17位は、男女6%が投票した『筋肉がなさすぎる』だとさ（笑）」

ハハハ……。ちゃんと出てるんですか。

「とはいえ、16位には『筋肉がありすぎる』という項目も入っているから、なんとも言えないな。**筋肉がなさすぎてもありすぎても、モテない**ということだ。**体脂肪率は、カロリー制限をして一定の運動をすると、1週間に0・5~1%くらいは落とせる。**これだと筋肉を維持したまま、体脂肪を落とすことが可能だ。今24%が現実だとすると、15%にするにはあと9%。ざっくりで9週間から18週間、つまり、2か月半から5か月くらいあれば達成できる」

はぁ。いや……どうなんすかねぇ。

「1週間に1%以上落としてしまうと筋肉量も落ちてしまうし、男性ホルモンである**テストステロン**[*16]の値も落ちる。年齢を重ねるとついてくる腹部周囲の脂肪は、テストステロンを女性ホルモンに変える酵素を増やしてしまうのだ。これは、新しいことに挑戦したり、筋肉をつけたり、意思決定力を左右するホルモンの減少につながる」

Dは、俺の腹部をジロッと見て、こう呟いた。

「年齢のわりには、腹のまわりに脂肪がついているな」

あのぉ。太ってると、そんなに問題なんっすか？

「まぁそうだな。**BMI**[*17]**が4・34ポイント高くなるごとに、脳の認知機能が、2・22か月ほど低下……つまり老化した**というデータをアリゾナ大学が出している。BMIと脳の働きを比較した研究で、12万1500人の15年分のデータを調べた結果だ」

わかったような、わからないような……。BMIってよく聞くんですけど、なんでしたっけ。

「ボディ・マス・インデックスの頭文字だ。体重と身長から肥満度を割り出した、体格指数。【体重（kg）】÷【身長（m）×身長（m）】で算出される。ちなみにキミの身長は？」

167センチで、体重は……69キロです。

「69÷（1・67×1・67）＝24・7か。四捨五入で25。25からが肥満だから、肥満体型と言える。2013年の実験によると、**BMIが25以上の男性は、標準的な男性よりもテストステロンの値が、なんと40％も低い**ことが判明した。テストステロンはモテ度とも密接に関係してくるので、モテたいキミには見逃せないホルモンなはずだ。BMIが高くてもテストステロンに影響があるが、体脂肪を絞りすぎてもテストステロン値は下がるとも言われている」

テストステロンって、いわゆる男性ホルモンってやつですよね。低いのはよくないと思うけど、具体的にはどんな影響があるんですか？

「**テストステロン値が低くなると、やる気がなくなる、持久力が低下する、すぐ眠くなる、睡眠の質が下がるなど、日常生活に弊害が出てくる。**気をつけたほうがいいな。体脂肪率は10％、せめて15％以下にしておくのがキミにとってはいい数値だ」

マジで運動とかもうずっとしてないです。腹筋なんて割ろうと思ったら、ボディビルダーの人みたいに鍛えないといけないじゃないですか。そこまでの気力は……。

「腹筋が割れているると、相当筋トレしているように思われるが、1日30分程度でいい。わたしがやっているのは2、3種類のメニューを3セットだけだ。運動は二の次。大事なのはやっぱり食事なのだ」

食事……って。いったい何を食べればいいんですか。

「痩せるための方法は2つある。摂取カロリーを減らすか、摂取プロテイン量を増やすこと。**タンパク質は3大栄養素（タンパク質、脂質、糖質）のなかでもっとも脂肪になりにくい**性質がある。また、タンパク質をとると、**コレシストキニン**[*18]というホルモンが分泌され、これが食欲を抑えてくれる。また、体内の分解酵素を活性化させ、中性脂肪を分解してくれる効果もある。だから、とくに**1日の1食めに、プロテインを多めにとる**こと。卵を3個食べるようにするといい。さっとゆでたホウレンソウに半熟の卵をのせてもいい。卵をゆでて、それを持ち歩くのもいいな。食欲抑制と腹持ちもよくなる」

＊朝のルーティンがいいワケ

話の途中からあわててスマホを出して、メモをとった。それにしても、やっぱりこの人、めちゃくちゃ早口だな。メモが全然追いつかない……。

ゆで卵なんて、コンビニでも売ってますよ。わざわざつくらなくても。

「加工品はダメだ。味がついているものもあるからな。塩だけならいいが、砂糖や添加物も……。卵だけでなく、加工品はなるべく最小限に抑えたほうがいい」

ふむふむ。……あれ？　なんかもうやる感じになってますけど。俺、ダイエットして腹筋割る感じですか？　いやーどうなんでしょう。だって、ダイエットってゴハン粒は食べちゃダメとか食事制限もあるんですよね……？

「カロリーを減らせば減らすほど、体重は減る。だが、同時に筋肉量も基礎代謝も下がってしまうので、**急激に減らすのではなく、週に体重の0・5～1％のペースで減量していくのがいい**。食事もあれを食べちゃダメ、これもダメというと、ストレスがたまるだろう？」

はい！　もうそうなったらイライラするだろうなと思います。

「制限すると考えるよりも、代わりに何を食べるのか？　が重要だ。たとえば、風呂上がりにアイスを食べていたとしたら冷凍フルーツに代える、というような考え方だ。ひとつ言えるのは、糖質が多くなると代謝が落ちる、老化が進む。ただ、糖質カットダイエットのようにカットする意味はない。気をつけるべきことは三大要素のバランスだな。全体のカロリーは自分で計算しろ。『TDEE[*19]計算』と検索すると、体重を維持するためのカロリー、減量するためのカロリー、増量のためのカロリーが出てくる。**カロリーの40％を脂質でとり、20％をタンパク質、残り40％を炭水化物にする、4：2：4が、体脂肪を維持するバランス**だ。体脂肪を絞りたいなら脂質、炭水化物を落としてタンパク質の量を増やすのがいい」

脂質が40％って、けっこう多いんですね。ダイエットって脂はとっちゃいけないのかと思っていたけど。

「揚げものを食べていいという意味ではないぞ。脂質が多いように感じるのは、食材に入っている脂質をすべて計算しているからだ。一時期流行った、油抜きダイエットなどはやりすぎるとホルモンバランスを乱し、エネルギー不足や皮膚炎など、体の不調の要因にもなる。食材に含まれている脂質以外は、オリーブオイル、ごま油、グレープシードオイルを使い、1日1回は魚料理やナッツを入れて必須脂肪酸を摂取するといいだろう。あと、酒を飲むなら1日にグラス1杯まで。炭水化物は運動のあとにとるようにするといい」

なんだか……ちょっとお腹いっぱいになってきました。いや。腹は減ってるけど、情報いっぱいで。今日からダイエットするなんて予想もしてなかった……。

「まあ、そう落ち込むな。ちょっと休憩する意味で、睡眠の話もしておこう」

睡眠？

「そうだ。**テストステロンの値は睡眠に大きく依存している。1日4時間と8時間の睡眠を比べると、睡眠4時間の場合、テストステロンの値が半分に落ちる**という結果が出た。2010年には、**睡眠時間が1時間延びるごとにテストステロンが15％アップ**したという結果が出ている。**睡眠不足になるとストレスがたまる。ストレスがたまるとテストステロン値が下がる**というわけだ。ストレスにさらされている人は、筋肉が落ちたり、脂肪がつきやすくなるので、体脂肪を落としたり、これから何かに挑戦したりする人ほど、しっかり寝なければいけない」

寝るのはうれしいですけど、具体的にはどのくらい？

「1日7時間寝ましょうと断言している医師らもいるが、わたしは人によると思う。ただ、**腹筋を割る、体重を落とすなら7、8時間は寝たほうがいい**だろう」

え。今、朝は7時半に起きているので、12時半、もしくは11時半には寝るっていうことですか？　いやぁ……。

「ま、好きにしろ。せいぜい頑張るんだな」

は？　そんな雑な扱いって！

「あ、もうひとつだけ。朝7時半の起床に、ずいぶん体もマインドも慣れてきたみたいだな。そうしたらもうひとつ行程を増やそう。今、朝起きたらまず最初に何をしている？」

えっとスマホのアラームを止めます。

「そのあとは？」

ベッドから体を起こして……トイレに行きます。

「そのあとは」

トイレに行って、ときどきそのままシャワーを浴びることもあれば、ベッドに座ってボーッとしたりして。

「ふむ。いいだろう。これまで朝はギリギリまで寝ていたから、時間を少し持て余しているようだな。それでは、明日から起きたら何も考えずにすぐカーテンを開けて、すぐに腕立て伏せを3回やるんだ。トイレはそのあとだ」

は？　めちゃくちゃおしっこしたくて目が覚めることもあるんですけど。

「面倒くさいヤツだな（笑）。そしたらトイレに先に行け。そのあと、カーテンを開けて腕立て伏せでもいい」

はい。

「腕立てをしたら、そのまま風呂場に行くんだ。歯を磨いて、シャワーを浴びる」

はぁ……。

「腕立て伏せは、ちょこちょこと腕を曲げるだけじゃない。肩幅に開いた腕をしっかり床ギリギリまで落としてやるんだ。1週間続けたら3回がラクに感じられるだろう。そうしたら、床の上でキープする時間を少しずつ延ばしていけばいい」

朝起きたら、カーテンを開けてすぐに腕立て伏せ。そのあと……風呂場に行って、歯を磨いて、シャワーですね。あ、俺、いつもシャワーを浴びながら歯を磨くんですけど……。

「……それなら一緒にやればいいじゃないか」

Dはちょっと呆れたように答えた。

じゃ、シャワーを浴びながら、歯を磨く、と。えっと……まずはカーテンか。俺は自分の動きを頭のなかでシミュレーションしながら答える。カーテンを開けたら、腕立て伏せ。3回。しっかりやる。1週間くらいしたら、下でキープする時間を延ばす。

「そうだ。すばらしいじゃないか。それがキミの新しい朝の**ルーティン**[20]だ」

＊習慣化のしくみ

俺、低血圧気味で、朝はあんまり頭がまわらないんですよね。なので、朝いろんなことをやるのはどうなんでしょう。

たとえば、昼、公園に来てやるとか。夜帰ってからやるとか、寝る前にやったほうが忘れないいんじゃないかなと……。

「なぜ朝やるのかと聞いているのか？　**習慣は起きてすぐの時間を使ったほうが、ラクに身につく**からすすめている。フランスのニース・ソフィア・アンティポリス大学が48人の学生を2つのグループに分けて実験を行った。Aは、朝15分のストレッチの習慣化にチャレンジしたグループ。Bは夜15分やったグループ。グループAは105日で完全に習慣化した。Bのグループは154日、つまりAのグループの1・5倍もかかっている。原因はなんだかわかるか？」

いいえ。わかりません。

「原因は**コルチゾール**[*21]だ。**朝に習慣が身につきやすい原因は、コルチゾールのレベルの変動**だったのだ」

コルチゾールって、俺でも聞いたことあります。あれ？　なんかあまりいい印象がないんですけど、ストレス的なやつじゃなかったでしたっけ。

「なんだ、その〝ストレス的なやつ〟っていうのは。もう少しまともな日本語を話したほうがいいぞ。確かに、コルチゾールはストレスホルモンと言われる。目の前に敵や怖い存在が現れたとき、『逃げなきゃ！』と感じたときに分泌されるホルモンだ。朝、わたしたちが目覚める直前も、人間の体ではそのコルチゾールの値が上昇する。

つまり、できるだけ早く逃げるための瞬発力やエネルギーが発揮されるというわけだ」

へー。人間の体のしくみってすごいっすね。

「というわけで、**朝は脳が覚醒状態にあり、目の前の状況に適応する能力が最大限に発揮される**。そこに新しい習慣を入れたらとり組みやすく、身につきやすくなるというのが理屈だ。納得できたか？」

はい。あ、でも、それなら上司に怒られてストレスホルモンが出たときを利用して、スクワットするとか、昼にやってもよくないですか？

「うーん。自分の脳で考え始めたことはすばらしい。ただ、ちょっと違うんだ。コルチゾールが分泌されればいつでもいいわけじゃない。あくまで自然な**サーカディアンリズム**[*22]、つまり朝起きて夜寝るという24時間のリズムのなかで、朝いちばんが習慣化の能力がアップすると考えられている。しかも、他人から与えられるネガティブなストレスによって分泌されるコルチゾールは、役に立たないのさ」

なんだ。じゃやっぱり朝、なんですね。

「そうだ。そして、朝の習慣が身につくためには、その進め方も重要だ。習慣が身につくまでのステップを細かくしないといけない。たとえば、夏までに5キロ痩せる！

という目標は効果的なものではないと言える」

体重を目標にするのはよくあることですよ。なんでそれがダメなんですか?

「ダメとは言っていない。目標としては効果的でないと言っているんだ。なぜなら、5キロ痩せるために、運動を習慣にしようと考えるとする。そうすると、5キロ落ちないと、わたしたち人間は、やってきたことはすべて意味がないと思ってしまう傾向があるんだな。目標体重を決めると、5キロの体重を落とすためにどういう行動を、どのくらいとるのかが明確になる。どんな行動を、どのくらいの頻度と長さでとるのか。その方向性を決めることが大事なのだ。方向性が決まったら、途中のマイルストーンをつくり、あとは目の前のことに集中していくのがいい」

目標体重っていうのはあくまで数字であって、何をやるのかを目的にするってことですかね。

「そうだ。なかなかいいぞ。方向性が決まったらあとは目の前の課題をやり続けること、それに集中する。具体的には、やることを小分けにしたほうがいいな」

小分け?

「最終的には、筋トレのプログラムを組むことになるが、そこに行きつくためのステップを細かく設定するという意味だ。**スモールステップ**[*23]、短期目標をつくる、ということ。わたしが前回、急に厳しいスケジュールを組んだらキミはすぐにつぶれるだろうと言ったのを覚えているか？」

はい。すごくよく覚えています。ムカついたんで。

「そういうことだ。キミの場合は、まず〝何かしら〟の運動習慣を身につけることが必要だ。**毎日ほんの少しの習慣をつけて、ひとつずつクリアしてステップアップしていく。そのステップは、細かければ細かいほどいい。**体重の数百グラムの変動に着目するよりも、週に1回運動ができるようになるとか、1日に10回のスクワットが11回できるようになった、12回できるようになったと細かく設定した被験者ほど、結果的に健康的な食事をとることが増え、体重が20％も減ったという結果もある。

それに比べ、大きな難しいゴール、達成したい習慣だけを目標にしたグループは、かえって体重が増えてしまった。モチベーションがもたなかったというのが理由だ。**人間のモチベーションをつくるのは、気合だと思っているヤツも多いが、そうじゃない。前に進んでいるという感覚**だ。どんな小さなことでも、成長を探しながら続けると習慣は続きやすい。嘘でもいい。幻想でもいい」

嘘でもいいんですか？　それがほんとうじゃなくて、幻想でも？　そんなことといったら、前に教えてもらったモチベーションの改善なんて必要ないじゃないですか。

「前に進んでいる、成長しているという感覚が人間にとってはいちばんのモチベーションになる。前に進んでいる感覚が嘘でもいいということに関して、ハーバードビジネススクールのテレサ・アマビール教授らが行った面白い実験がある」

はい。

「あるコーヒーショップでスタンプカードを2種類用意した。片方は10個スタンプがたまるとコーヒーが1杯もらえるカード。もう一方は12個のスタンプでコーヒーが1杯。こう聞くと、10個のスタンプカードのほうが得な気がするが、12個のカードにはすでに2個のスタンプが押されている。つまり、実質的にはどちらも10回通えばコーヒーが無料でもらえるというカラクリだ。

10の枠をすべて埋めるとコーヒー1杯をもらえるカードと、12個埋めないといけないけれど、すでに2個のスタンプが押されているカード。無料のコーヒーを手にするところまでたどりついたのは、どちらのカードをもらったグループだと思う？」

んん……。どっちも変わらないんじゃないかと思うけど、でも、あえてそんな聞き方をするんだから、どっちかが優位なんですよね。きっと。

「素直じゃないが、まぁいいだろう。そうだ。モチベーションをより多く保てたのは、12個の枠のカード、つまり2個のスタンプがあらかじめ押してあるカードをもらったグループだった。もちろん2個は自分で獲得したスタンプではないし、ある意味、幻想だ。だが、**少しでも進んだという感覚があると、それが前に進むことの弾みになる**」

へぇ……。

「この結果を見ても、モチベーションが上がるのは前進した、あるいは前進しているという感覚だと言える。言い換えれば、頑張っているのに前に進めていないという感覚があると、モチベーションが上がらないんだな。サラリーマンのやる気がなくなるのは、おそらくこんなときだろう。頑張っているのに誰の役に立っているのかわからない。自分がスキルアップしているという実感がない。上司や周囲からの評価が得られない。給料が上がらない――。**前に進んでいる感覚というのは、探さなければ見つからない**ものだ。さっき、『体重5キロ減』を目標にすると、5キロ落ちなかったときにすべての努力を無意味だと思ってしまうという話をしただろう？」

はい。

「とくに体重は、直線で減っていくものではない。減り始めるまでに時間がかかるし、摂取したものや体調などによって上がったり下がったりする。体重を絶対的な指標にすると危険なのはそれが理由だ」

なんとなーく、わかってきました。でもって、俺にもできそうかなぁと思えてきました。ちょっとずつ、でいいんですよね。それなら……。

「ただ……」

え？　ただ？

「いや、ちょっとキミに確認したいことがある。今、なぜやる気になっている？　わたしがすすめたからか？」

はたと考えた。

俺はなんで今、体を絞ることに前向きになってるんだ？

確かにDに言われたからで、そもそも体脂肪のこととか体重を落とすなんて考えたこともなかった。ましてや体を鍛えるとか、よもや腹筋を割るなんて、夢のまた夢で……。あれ？　夢ってことは、憧れはあったのか？

そりゃオトコとして一度くらいはモテたいし、自分の体に自信を持ちたいです。顔はもう変えられないけど、体なら変えられるかもって思い始めたし、アンタにいろいろ言われて、健康的な生活ってやつにも興味が出てきたし。

「そうか。**習慣化のモチベーションとして選ばれる3つの事柄に、お金（経済目的）、社会的つながり（人間関係）、健康がある。**スモールステップの反対の**ビッグエリア**[*24]だ。なぜこんな話をするかというと、スモールステップをあまり細かくしすぎると、目標自体を見失ってしまうことがある。前進が小さく思えて、モチベーションが下がってしまうんだ。だから、自分は何を目指してこのステップをクリアしていっているのだろう？　と、ときどきそもそもの目標に立ち返ることがとても重要だ。キミが今言ったのは、男として一度はモテたい。これは社会的なつながりだ。そして、健康的な生活を送りたいとは、そのまま健康のためのモチベーションになる。もしも、自分が欲するビッグエリアが見えなくなったら、この3つの要素を意識するといいだろう」

＊意志力には限りがある

社会的つながり……で思い出したんですけど、ちょっと悩んでいることがあるんです。聞いてもらってもいいですか？

俺、今の職場で、頑張ってやりたいことをやろう！　と決めてから、すごい頑張ってるんですよ。営業で新しいプロジェクトの提案をして、そのリーダー的な立場に任命されました。仕事も前よりも忙しくなって……アンタに言わせるとたいした仕事をしてないかもしれないけど、でもやらなきゃいけないこと……というか、やりたいことが増えたんです。でも、今まで俺の上司も俺のことをヒマなヤツって思っていたのか、相変わらず上から降ってくる仕事も多くて。正直、それでパッパッになってる……。

「時間的、キャパシティ的に難しいなら、ムリだと言えばいいじゃないか」

そりゃ、言えればいいですよ。アンタは見たところフリーランスっぽいから、しがらみもないのかもしれないけど、俺は会社員です。だから、取引先も上司も、断るのはやっぱ難しいです。

「ふん。フリーランスは自由気ままに生きていると言っているのか。フリーランスのなかにも、しがらみで生きている人間はたくさんいる。むしろ、後ろ盾のないフリーランスのほうが、クライアントにNOと言えず、単価を下げ、イエスマンになっていることも多いかもしれない。まぁいい。それぞれの生き方だ。で、キミは断りたいのか、断りたくないのかどっちだ？」

そりゃどっちもできればいいですけど、そうはいかない。俺の仕事がもっと速くなればこなせるんですかね。

「誰にも容量というものがあるからな。仕事が速くこなせるようになったら、他人の仕事を引き受けたいのか？」

そんなワケ、ないじゃないですか！　余分な時間ができたら、自分の仕事をしたいし、リラックスしたいです。他人の仕事なんて、ほんとう言ったら引き受けたくない。でも、仕方ないからやってる感じです。

「仕方ない？」

はい。上司の頼みを断ったら印象も悪くなるし、査定にも響く。取引先にもいるんですよ。俺より年下なんだけど、何かといろいろ俺に頼んでくるやつが。仕事のことならまだしも、ゴルフ場の予約とか、関係ないこともいくつもあって……。
断りたいのに断れない。自分のふがいなさと、そんなムリなことを頼んでくる相手のことを思い出して、悔しさがあふれ出してきた。

「まずは**なぜキミがNOと言えないのか、その構造を理解**する必要がある」

構造……ですか。

「**断れないのは悪い習慣だ。性格ではなく習慣。断る技術、思考の仕方を知らない。その技術や思考が習慣づいていない。**簡単に言ってしまえば慣れていないと言える」

習慣？　また習慣ですか。断れないのは、俺の性格が弱いからじゃないんですかね。もしくは強い意志を持っていれば、ちゃんと断れるはずです。

「そうか。じゃその強い意志とやらを育成する方法でも検索するんだな。**意志力は本来、選択する際、決断する際、何かをやり抜く際に必要**だと考えられている。そして、**永遠にどんどん湧き出るものではなく、限りがある**ということもわかっている。この間もあれだけ話をしたのにまるで落とし込めていないようだな。キミは自分でも

『何もやり遂げたことがなくて、意志が弱い』と言っていただろう。それは、余計なところでその〝意志の力〟とやらをムダに使ってしまうからではないのか？」

Dはそう言うとパッと立ち上がった。

「わたしは同じことを何度も言わない。アドバイスが気に入らないなら、自分のやり方でやればいい。では」

そう言ってDはくるりと背中を向けて、スタスタと歩き出した。あっけにとられていたのと、ムカついていた俺は、その背中をただ見送った。

自分のやり方でやればいいんだろ。やるよ。今までもそうだったんだから。

まとめ

- 筋肉がなさすぎてもありすぎてもモテない
- 朝のルーティンは習慣化のための効果的なシステムである
- ビッグエリア（第一の欲望）を忘れずに、スモールステップで進め

シーン7

なぜNOと言えないのか

公園でDと仲たがいしてから、10日がたった。

俺が提案した社内プロジェクトは、滑り出したばかりなのに早くも遅れが出て、外部発注にも混乱が出ている。俺は初めてのリーダーで、何をしたらいいのかわからないけど、上司や先輩に相談しながらなんとか進めている。その代わり……と言ってはなんだけど、先輩からの頼みごとが増えた。相談に乗ってもらっているし、お世話になっているから断れるわけがない。仕方ない。

……あー。これを言ってDに聞き返されたんだった。ヤツは仕方ないって思ったり、断れないって感じることはないんだろうか。仕方ないと考える以外の方法があるんだろうか。

この間、Dは「断れないのは、習慣だ」と言った。

俺は「自分の意志が弱いからだ」と言った。

土曜だけどやることがなかった俺の足は、自然と公園に向かっていた。


いつもの場所で、やはりウロウロ歩きながら時折、天を見上げてはブツブツ言っているDの姿が目に入る。不思議とホッとする。

やっぱ、怪しさ満点ですね！

そう声をかけると、Dは一瞬足を止め、こちらも見ずにまた歩き始めた。

俺はさらに声を大きくして、こう言った。

結局、自分の意志の力を強くすることはできませんでしたっ！　あのあと、意志を強く持ってなんとか断ろうと頑張ったんですけど、結局、仕事量はさらに増えてしまいました。初めて自分からお願いします。どうしたらいいか教えてくださいっっ。

Dは俺のほうにやってきて、こう言った。

「今日は何時に起きた？」

へ？　いつもと同じです。7時半。カーテンを開けて、腕立て伏せを3回やったあと、シャワーを浴びました。

Dは俺に、座れと言うように地面を指さした。

「**わたしたちは誰かにNOと言うとき、罪悪感をおぼえる**ようにできている。でないと、人間には『助け合い』というものが生まれないんだ。**頼みごとを断る罪悪感が備わっていたおかげで、人類はこれほど膨大な社会を築くことができ、ほかの動物をしのいで頂点に立つことができた**と言える」

……へぇ。そうなんですか。そもそも備わっているなら、そこを押しのけてNOと言うのはかなり意志が強くないと難しいってことか。

俺がうっかり「意志」という言葉を使ったので、Dは俺をギロッとにらんだ。

「確かに、その自然な感情を振り切るのはけっこう大変だ。ただ、NOと言って損することもなければ、NOと言えない相手もいない」

損すること、ありますよ。好き勝手に生きる方法を見つけているアンタは損しないかもしれないけど、少なくとも俺はします。具体的に言いましょうか？　まず先輩からのサポートが得られなくなる。俺が先輩の頼みごとにNOと言ったら、相談に乗っ

てもらえなくなります。あと、上司に空気が読めないやつだと思われる。……ってこんな話、前回もしましたよね。

「キミがそう思い込んでいることはわかった。非機能的行動の話をしたことがあったと思うが、今から**非機能的思考**[*25]の話をしよう。NOと言えない人が抱きがちな思考は、非機能的、つまり機能していないという観点をまとめたものだ。それが、オーストラリア政府が認めている**7つの断り方**。政府がこんなことをまとめているのは非常に興味深いだろう？　なぜNOと言うことが難しいのか。その、断れないメンタルをケアし、手法までまとめている」

NOと言うのって……なんで難しいんですかね。さっき、人は罪悪感をおぼえるようにできていると言ってましたよね。

「**NOと言うのが難しいのは、断れない人が抱いている非機能的思考のせい**だ。そして大事なのは、その思考が**非機能的であることを自分自身で認識することだ**」

非機能的思考を自分で認識する……。

「では、非機能的思考のひとつめだ。いいか？　**NOと言うのは無礼で攻撃的である**」

俺はあわててスマホのメモを出す。

無礼……っていうか、失礼だなとは思います。その人が今までいろいろと相談に乗ってくれたり、親切にしてくれた場合はとくに。

「ふむ。では、自分が『NOと言うことは失礼で攻撃的である』という非機能的思考を持っているという事実を知ることだな。相手にNOと伝えることは、誰もが持っている権利であり、相手に『やりません』と伝えるだけだ。日本人は、簡単にYESと言いすぎる傾向がある。あまりにも簡単に引き受けるために、海外の人からしたら逆に不思議な印象を持たれるくらいだ。安請け合いをしたくせにグダグダになることも多く、今後、NOと言えない人間はまわりに迷惑をかけるようになるだろうな」

安請け合い……ですか。何かを頼んだとき、相手がすぐにYESを言ってくれるのは、気分がいいですけどね。

「じゃ、キミは相手の気分をよくするためにYESと言うのか？　ずいぶんヒマなんだな」

は？　ヒマなんかじゃないです！

「とっとと次にいくぞ。**非機能的思考の2つめ、NOと言うのは不親切である。自己中心的である**」

はい。そうですね。不親切だと思います。

「忘れるな。今言っているのは事実かどうか、ではない。非機能的、つまり機能的じゃない思考のことだ。協調性が高すぎる人、言い換えれば人に同調したい人は、つねにYESと言うことが大事だと思っている。だから、YESと言わずにNOと言うのは不親切だと考えてしまう。そのため、すぐに断ることをせず、ときには答えをあいまいにしたり、ズルズルと先延ばしにする。不親切で自己中心的なのは、NOと答えた側ではない。自分が頼みごとをすれば、相手は必ずYESと言ってくれるだろうと信じている人間のほうだ。そして、行きたくない、やりたくない、本心はNOと言いたいのに中途半端にズルズルと答えを先延ばしにして相手を困らせるほうが、はるかに迷惑だ」

相手を困らせるなんて、きっとそんなつもりはないんですよ。ただ、NOと言うのは不親切だよなぁと思うので、なんとかできないかなと考えるんです。相手を思ってのことですよ。それの何がいけないんですか？

「では、人数合わせで飲み会に誘われて、キミが『予定を調整する』などという理由で返事を先延ばしされた相手はどうなる？ その席は、キミの答え待ちになるんだぞ」

だから、なるべく行けるように調整するんじゃないですか！

「結果的にNOになる確率はどのくらいある？」

……2択なので、50％ですかね。

「キミがすぐにNOと言えば、相手はその場でほかの人を誘うことができる。そこを考えたことがあるか？　次だ。3つめは、**NOと言ったら相手が傷つく、または否定されたような気持ちになる**と考えている。これは相手の気持ちを考えた言い方にすればいい。たとえば『お誘いはうれしいですけど、人酔いするので人が多いところには行かないことに決めているんです。申し訳ありませんが、遠慮させてください。少人数のときはぜひ誘って……』などと自分の立ち位置、好みを説明すればいい。NOと言うのは、相手の存在を否定するものではない、というわけだ」

そっか。なるほど。少しずつわかってきました。相手が傷ついたり否定されたと感じないためには、言い方も重要っていうことですよね。

「そうだ。非機能的思考の4つめは、**NOと言ったら相手から嫌われるに違いない**と考える。これはほんとうによくある思考だな。断ったら嫌われるんじゃないか。この思考のエビデンスはひとつもない。つまり、まったく根拠がない。むしろ、NOと言ったぐらいで嫌ってくるようなら、つきあわないほうがよろしい」

えっと、理屈ではわかります。断ったって嫌われないよって、人にはそう言うかもしれないし、自分の頭のなかでときどき聞こえてもくるんです。だけど……もう二度と誘われないんじゃないか？　とか、イヤなやつだと思われないか？　とか。

「面白いのは、だ。キミがNOと言うことで相手も同じことを感じるかもしれないと思っているところだ。頼みごとをする。キミにNOと言われる。すると……？」

……俺に嫌われている？

「そうだ。もしくは自分自身が否定された」

確かに。俺が誰かに頼みごとをしたときにNOと言われたら、なんで引き受けてくれなかったんだろう。俺のことが嫌いなのかな。それとも俺がダメなヤツだからかな……とか考えると思います。

「つまり、どっちもどっちなんだ。だからといって、相手から嫌われないためにYESと言うのもまたおかしな話じゃないか。

では、5つめ。**他人の要求は自分の要求よりも重要**だと思っている。これは非常に日本人的な感覚だな」

人に頼みごとをするのは苦手なので、できればしたくないですけど、人から頼まれると断れない。これって、自分の要求はたいして重要じゃないけど、人からのお願いは重要と考えるってことですか？

「そうだな。むしろ、他人に何かを要求されたときは、自分も何か頼みごとをしてもいいくらいだ。**返報性の法則**[*26]、自分があなたの頼みを引き受けるのは親切心。そして、その代わりと言ってはなんだけど、わたしもちょうどあなたにお願いしたいことがあった。協力してくれないか？　と頼む。この『もしも○○したら××してほしい』というルールをつくっておくと、損をしなくなる。相手がキミの上司であっても取引先であっても、この状況では相手にはたいてい断れない心理が働く。なので、他人の要求だけでなく、自分の要求も叶えることだ」

すげー。そんなこと考えたこともなかったです。上司や取引先に自分の要求を叶えてもらうなんて。でも、そんな図々しいこと、言ってもいいんですかね。……あ。ダメだなんて誰が決めたんだ？　ってことですよね。すいませーん（笑）。

「では、6つめの非機能的思考だ。**わたしはつねに他人を喜ばせないといけない**。他人にはつねにいい顔をしなければいけないと思っている人は多いだろう。そんな必要などない。結婚生活が失敗する原因のひとつに、相手が自分を幸せにしてくれると思い込むという間違った心理があるが、自分自身の幸せを自分以外の誰かにゆだねるのはよくない。そして、他人を喜ばせる必要などまったくないということだ」

はぁ……。なるほど。

「では最後だ。**小さなことにNOと言うのはケチで心が狭い**」

ははは。これはとくに後輩とか友だちの誘いとか頼まれごとにNOと言うときに感じます。このくらいなら受けてやってもいいか、と思う。そういえば、「まぁいっか」ってよく自分のなかで言ってる気がします。これもごまかしなんですかね。

「ごまかしかどうかはわからない。ただ、ゆがんだ認知であることは間違いないな」

＊ NOと言えない「非機能的思考」

Dは、結局7つの「非機能的思考」というやつを俺にレクチャーした。

①NOと言うのは無礼で攻撃的である
②NOと言うのは不親切である、自己中心的である

③ＮＯと言ったら相手が傷つく、否定されたような気持ちになる
④ＮＯと言ったら相手から嫌われるに違いない
⑤他人の要求は自分の要求よりも重要
⑥わたしはつねに他人を喜ばせないといけない
⑦小さなことにＮＯと言うのは、ケチで心が狭い

どれも、人にＮＯと言うときに俺たちが感じる当たり前の心理であり、いわく「非機能的な思考」なんだそうだ。

……で、これを知ってどうすればいいんですか？

「これらのひとつでも頭に浮かんだら、思考がゆがんでいるのだとまずは認識することだ。認識することが、断れる人間になるためのファーストステップ。そして、非機能的思考を機能的思考に変えていく」

機能的な考えに変われば、もっとラクにＮＯと言えるようになるってことですか？

「いいか。まず**非機能的思考が浮かんだら、それを否定するような言葉を頭のなかに浮かべてみる**んだ。たとえば、ＮＯと言うことで相手の人間性を否定している気分に

なる。これは、①の「無礼で攻撃的である」に当てはまる。自分は相手の人間性を否定しているのか？　違う。相手の要求を断っただけだ。相手のことは決して嫌いではない。ただ、要求を受け入れなかっただけだと自分にきちんと説明する。

あるいは、⑦の「ケチで心が狭い」と感じたとしよう。誰でもＹＥＳと言うこともあれば、ＮＯと言うこともある。いろいろな選択ができるのが民主主義のいいところだ。**相手からＮＯと断られても責める権利がないのと同じように、相手も自分を責める権利はない。**……というように論理を組み立て、非機能的思考を打ち壊す癖をつけることが重要だ。**誰にも頼みごとをする権利はあるし、そして断る権利がある。**わたしは誰かから『お願いしてもいいですか？』と言われたときは、『ええ。されるのはかまいませんが、その話を受けるか受けないかはわたしの自由です。でも、聞かれるのはかまいませんよ』と言うことが多い。**ＮＯとハッキリ言えるようになるには、自分自身の非機能的思考を認識すること。そして、そう考える理由は何かを考え、それを打ち壊す。**まずはこのトレーニングを2、3週間やってみろ」

はぁ……。わかりました。わかったけど、いつか自分がアンタみたいなことを言えるようになる気がまったくしません。そんなことがサラッと言える日が来るんすかねぇ。

「アメリカのミネソタ州にメイヨー・クリニックという高名な病院があるんだが、そこが2018年、過去の文献をまとめて、いかに相手にNOと言うべきかに関する基礎的ポイント8つを公開した。NOと言うことに抵抗があるのは、日本人だけかと思いがちだが、オーストラリアにもアメリカにも、いかにNOと断るかに関する研究が存在する。やはり、人間であることの特徴と言えるだろう。ここでまとめられたのは、NOと言っても罪悪感をおぼえないメンタルづくりだ」

NOと言っても罪悪感をおぼえない？　それはすごいじゃないすか。

「キミは、NOと言ったら損をすると言ったな。空気が読めないと思われるとも。あと、嫌われるんじゃないだろうか、という感情もあるだろう」

はい。友だちの誘いを断るときとか、めっちゃ思います。もう誘ってもらえないんじゃないかとか。

「では、それがキミの考えるNOと言ったときのデメリットだ。では、YESと言ったときのデメリットはなんだ？」

YESと言ったときのデメリットですか？

……えっ？　メリットじゃなくて？

「ふむ。では、キミの考えるメリットはなんだ？」

えっと……頼まれごとを聞いたら、いいやつだと思われる。能力があると思われる。デキるやつだと思われる。

「デメリットはメリットを反転したものだな。今、NOのデメリットとYESのメリットを聞いた。では、**NOと言ったときのメリット、もしくはYESと言ったときのデメリット**はなんだ？」

……頼まれごとを聞いたときのデメリットってことですよね。え……。なんだろう。

「というように、わたしたちは**NOと言ったときのデメリットは考えるが、YESと言ったときのデメリットはあまり考えない。**メリットだけを比べている。当然のことだが、これだとYESにしかメリットがないように見えないか？　だからNOと言えなくなる。これがイエスマンの正体だ」

あ！　確かにそうかもしれません。YESと言ったときのデメリットか……。そんなこと、考えたこともなかった。

「YESと言ったほうが簡単だしな。だから、メリットとデメリットをきちんと比較する癖をつければいいというわけだ。もちろん、すべての誘いを断れと言っているわけではない。すべて断って、人間関係を崩壊させろとも言っていない。ただ、イエスマンのデメリットは感じているだろう？」

はい。イエスマンになると、どんどん忙しくなります。自分がなくなったような感覚がして、疲れます。

「そのとおりだ。つねにＹＥＳばかり言っていると、ストレスがめちゃくちゃ増大し、それが蓄積される。**自分をストレスの犠牲にしてイエスマンをやっている**んだ。どうだ。そう考えると断りやすくなるだろう」

いや……。自分をストレスの犠牲にしているというのはショックですけど、それがわかったところで、「断りやすく」はならないです。

＊ＮＯと言うためのメンタルのつくり方

「では、ＮＯを言う前にどういうメンタリティが必要か、教えよう。ポイントは４つだ。**ひとつめは、優先順位の確認をする**こと。何かを頼まれたら、返答する前に『この頼まれごとは、自分にとってどれくらい重要だろうか』と自分に質問するんだ。この答えに基づいてYESかNOかを決める」

いや。自分にとって重要じゃなくたって、相手にとったら重要なんですよ。きっと。だから頼んでくるんじゃないんですかね。重要な仕事とかじゃなかったら、人に頼まないのが普通でしょう？

「イエスマンは、そうやって自分の重要性を考えない、というか、自分にとっての重要性を二の次として無視するんだよ。断ったら使えないヤツだと思われるかな？と、他人から見た自分を基準にしてデメリットを考える。YESと言ったときのメリットも、いい人だと思われるかな？　みんなが喜んでくれるかな？　つねに他人視点を勝手に想像する。それがどのくらい愚かなことか、わかるか？　頼みごとをする人間は、キミに断られることも想定している。キミが断ったところで、相手にはそれほどデメリットはないはずだ。それなのに、キミは自分の重要性を犠牲にしてまで流される」

断られるのを想定している？　そうでしょうか。「頼みごと」と言いながら、俺の仕事だと思っていると思います。当然やるべきこと、というか。断るわけがないと確信しているというか。

「では、試しに断ってみたらどうだ？　キミが断ったときの相手の反応で、どのくらい期待したかわかるだろう」

は？　それができないからアンタに聞いてるんじゃないですか。

「どうやら、キミはわたしの答えが気に入らないようだな。わたしがどうアドバイスしようと、わたしの勝手だ。それが受け入れられなくて、自分のなかですでに答えが出ているようなら、わたしに相談なんてしないことだ。いいか。相手が先輩だろうが上司だろうが、どれだけお世話になっていようと、断ってはいけない相手などいない。**1回断って終わる人間関係だったら、その関係性はとうに崩壊している。**断ったら相手にキレられる？　そもそもお願いしてきているのは相手のほうだ。もしも、キミがここで『アンタは俺の頼みを受けてくれない！』とキレたら、キミの性格に問題がある。頼みごとを断ってブチ切れる相手など、自分の人生にほんとうに大切な相手なのか、考えてみるといい」

何も言えなかった。頼んでいるほうがキレる権利などどこにもない。だけど、もし上司がブチ切れたら、その上司は俺にとって大事ではないかもしれないけど、それによって俺は仕事を失うかもしれない。

上司は大事ではないですけど、今の俺にとって、今やってる仕事は大事です。

Dは黙って俺を2秒見て、「それは断る技術の内容に関係しているから、もう少しあとで説明する。それまでわたしの話を継続して聞けるか？」と言った。

無言でうなずく俺。

「NOを言う前の心構え、**2つめはYESのストレス比チェック**。その頼みごとにYESと答えたとき、そこから得られるメリットと、ストレスの比率がどれくらいの割合になるかを考えること。つまり、先輩や上司の仕事を引き受けたときのメリットと、引き受けたときにキミが受けるストレス（デメリット）を考えるんだ。紙に書き出してもいいかもしれない。頼まれごとというのは、自分にとってメリットしかなかったら迷うことなどない。葛藤やジレンマがあるのは、心のなかにイヤだなという思いがあるから。安請け合いをして後悔をすることがあるだろう？　そこを考える。

3つめは、罪悪感・義務感チェックだ。返事をする前に、相手への罪悪感・義務感で返答していないか？　をチェックする」

あっ！　と思わず声が出た。俺がいつもいちばん考えていることだからだ。
「断ったら悪い、断りにくいは罪悪感だ。いつもお世話になっているしな、つきあいも仕事のうちだしな、これは義務感だ。**罪悪感や義務感で意思決定をしたり返答をすると、長期的なストレスが増大**する。これらがないとしたら、キミはどういうふうに返答するのか？　罪悪感や義務感がなくても、ＹＥＳと言いたいならいい。だが、ほんとうはどうだろう？」

言わないです。罪悪感も義務感もない相手っていうことだとしたら、ほとんどの頼まれごとなんて、聞かないと思う。まして、自分の仕事でパツパツのときに。

「そうだろうな。その気持ちを大切にしておくといい。最後の項目だ。**4つめは時間をおく。即答しない**こと。できれば、最低でも考える時間を1日とること。『確認する予定がある』『調整するのに1日（もしくは○日）ください』と伝えること。1日とれない場合でも、できるだけ延ばしたほうがいい。時間をおけばおくほど、1から3つの項目をしっかり考えられるし、いい顔をしようと思わなくてすむ。対面だと誘いは断りにくいものだ。物理的距離と時間的距離をおくことによって冷静になれるため、メールで返答が可能なら、メールを使ったほうが断りやすいこともある。社内の相手なら、せめて頼みごとをしてきた相手から離れる時間くらいはとることだ。一度トイレに行くのもいい。返答はそのあとでするように」

Dは、答えを出す前の4つの心構えを教えてくれた。

①優先順位の確認をすること
②YESと言ったときのストレス比チェック
③罪悪感・義務感チェック
④時間をおく。即答しない

自分が何に引っかかっているのか、少しだけ見えたような気がしてきた。とくに、③の罪悪感と義務感によって断れなくてもがくケースが自分の場合はいちばん多いということも見えた。

……ただ……これまでずっと「ハイ!」って言ってた俺が、いきなりNOだなんて。どう考えても立場が悪くなります。いきなり変われないですよ。

Dは右上を見つめたまま3秒ほど静止したあと、こっちを向いて言った。

「そうか。一貫性がないのがいちばん困るからな。ある日はNOと言ってみたり、すぐにまたYESと言うのだけはやめたほうがいい。まずは断れるメンタルをつくろう。YESと引き受けてもいいが、最初の1週間は、非機能的思考を認識し、変換するためのノートをつくるんだ。これでかなり断ることへの抵抗がなくなってくるはずだ。抵抗がなくなるというのは、つまり、NOと言っても相手とぶつかったり、イヤな気持ちにならないという感覚が芽生えてくるという意味だ。ノートのなかで、簡単に認識と変換ができるようになったら実践に移そう。**メンタルトレーニングにおいては、8週間くらいでメンタルが変わってくる**との研究結果がいくつもある。2～3週間で抵抗がなくなり、8週間もたったら完全にNOと言える人間になるだろう」

まとめ

- NOと言えないのは、意志力ではなく習慣化された「非機能的思考」のせいである
- NOと言ったときのメリットとYESと言ったときのデメリットを考えてみること

シーン8

なぜ時間がないのか

またDから新たな課題が出た。非機能的思考を機能的思考に変換するためのノートづくり。2〜3週間、あるいは8週間継続する。

いろいろ教えてくれるのはほんとうにうれしいし、運動とか食事のことも、今の俺にはすっごく重要だと思うんっすよ。でも、今の俺にはほんとうに時間がないんです。よく「時間を上手に使いましょう」とか言われるけど、そもそも人よりも作業が遅いんだと思うし、同じ24時間でもほかの人とは違うような気がするくらいなんです。

「ひとつ聞いてもいいか？」

はい。

「キミは今の仕事量を自分のマックスとしたいか？　それとも、もっと多くの仕事を簡単にこなせる人間になりたいか？」

……それは、もちろん今よりももっと多くの仕事量がこなせるようになればすごいと思います。でも、やらなきゃいけないことはどんどん増えるし、もちろん俺がNOと言えるようになれればいいんだけど、それもできない。これ以上、アンタからの宿題が出たら、俺は……。

「時間を上手に使いましょうって、キミはさっき言ったな。そして、それがうまくできない。ほかの人の24時間と、自分の24時間は違うんじゃないかと」

はい……。それが何か？

「時間について考えるとき、わたしたちの多くは『余分なことをしている時間をなくして、うまい時間配分を考えよう』とか、『効率よく時間を使おう』と考える。違うか？」

まさに、時間配分がうまくないと感じています。だから、なんとか配分をうまくして、必要な時間をひねり出そうとしている状態です。

「つまり、**〝十分ではない〟と思っているところから、なんとか時間をつくり出そうとしている**わけだ。そうではなく、じつは人間の時間に関する認知がゆがんでいるんじゃないか？

ほんとうは時間があるのに、ないと感じているのではないか？ と考えてみよう。

たとえば、キミのようにそれほど仕事をこなしているわけでもなく、実際は自由な時間さえもつくれるのに、〝ない！〟と感じている、というわけだ。もしかすると、やるべきことと考えている事柄を精査したら、まったくやる必要などないことばかりかもしれない。なんだ。またムッとした顔をしているな。ムカついたか」

いや、もう少しは慣れてきましたけどね。俺をディスることでアンタは楽しそうだ。

「ディスっているつもりなど、毛頭ない。遠慮なく事実を述べているまでだ。そうだろう？ キミの数百倍の仕事量をこなし、数百倍稼いでいる人も世のなかにはたくさんいる。それだけのタスクをこなし、1日に1時間ぐらいしか自由な時間がとれなくても、限られた時間を豊かに過ごしている人もいる。逆に、自由な時間がたっぷりあるのに忙しい忙しいと言いながら、何もしていない人もいるわけだ」

仕事の進め方の問題なんですかね。俺、ほんとうに企画書をつくるのも遅いし、伝票書くのも時間がかかる。簡単にできている人を見るとうらやましいと思うし、サクサク片づけられたらどんなにラクかと思います。やっぱり時間の使い方がうまくないっていうことが、最大の原因なのかもしれないです。

「それだと、今までの理論となんら変わらないだろう。わたしがここで話しているのはそういうことではない。時間の認知、時間をどのようにとらえるのか、その感覚によって違いが出るという話だ。**時間はみなが一律に持っているもののように見えるが、実際には感じ方も違うし、その感じ方によって時間に対する解釈が変わる**。中身は同じでも、ワインのラベルが変われば、味すらも変わったように感じないか？　このような〝**認知のゆがみ**〟[*27]に関してはさまざまなところで研究結果が出されているので、時間でも同じことが起きるのではないかと考えたわけだ。つまり、**時間認知がゆがむことによって、時間を正しく感じられなくなる**というわけだ。キミは月にどのくらい残業をしている？」

今はかなり厳しくなったので、休日出勤も入れて月45時間くらいです。ほんとうはもっと減らさないといけないんですけど……。でも、そんなことしたらほんとうに仕事が終わらない。

「ほんとうにそう思うか？ **仕事の時間を短縮すると、多くの人はそれでは終わらないと思う。だが、実際はまるで影響がなかった**という研究結果がある。それどころか、40歳を超えた人間が週に25時間以上働くと、認知機能にネガティブな影響が出るという研究結果もある」

え？ いや、そんな……。

「オーストラリアのメルボルン大学の研究機関が行った、40歳以上の男女6000人以上を対象にした実験によると、女性の場合は、週に22から27時間の労働がベスト。男性は、平均で25から30時間の労働時間が最良と出ている。つまり、**仕事のパフォーマンスが高い人の労働時間は、1日5時間以下。**また、**週の労働時間が50から60時間を超えると、まったく働いていない人と同じくらい認知機能が下がる**という。わたしたちは、長く働けば働くほど成果が出ると思っているが、現実は、長く働けば働くほど認知機能が下がる。労働の成果は、認知機能×時間。これが一定時間を超えると一気に下がってしまう。長く働いて時間をムダにするなら、休んで仕切りなおしたほうがいい」

俺はまだ40歳にはなっていないので、もう少し長い時間働いても大丈夫ってことですよね？

「まぁそうだが、生産性のもっとも高い状態をキープできるのは30時間くらい、長くても35時間だと言われている。コンスタントに成果を挙げようと思うなら、35から40時間が限界だろう。それ以上超えると、生産性に波が出るはずだ。現代人は忙しいと言われがちだが、実際はかなりの労働が簡略化されているはずだ。実際、キミの仕事量も、マッチ箱にりんごを押し込もうとするほどムリなことなのか、あるいは、さっき言ったように、必要な仕事以外が膨大なだけかもしれない」

＊「時間飢餓」かもしれない

忙しい、時間がない。そんなふうに感じていることがほんとうに現実なのか？　と問われ、翔太は混乱していた。

つまり……。

翔太はスーッと息を吸い込み、吐き出すように言った。

効率的な仕事術を手に入れる必要もないし、新たに時間を生み出す必要もない。でも、効率よく仕事をするには、仕事時間を少なくしたほうがいいってことですか？

でも、やり方を変えずに仕事時間だけを減らしたら、ほんと――に終わらないです。

「時間管理において、近年、社会心理学の世界でよく話題に出てくるなかに『**時間飢餓**』[*28]、また『**時間汚染**』[*29]という考え方がある。飢餓とは、必要とするものが非常に不足しているという意味だ。つまり、圧倒的に時間が不足していると考え、時間に対する渇望のようなもの」

あ！ それ、俺です。

「この言葉が最初に使われたのは、1999年、ミシガン大学のパーロー氏の論文だ。1999年にすでに人は〝やることが多いのに時間がなさすぎる〟と感じていたと言える。現代は、メール機能やSNSでのやりとりが当たり前になり、自宅や職場だけでなく、移動中にもWi-Fiやスマホを介してメッセージを受けることが可能だ。オンラインショッピングは翌日配達が当たり前になり、待つことがほとんどなくなった。〝すぐ〟やれることが増えたおかげで、〝時間がない〟という感覚はわたしたちのなかにより強まったと言える。そして、同大学の2000年および2002年の追加の論文によって、この**時間飢餓の感覚が、会社やチームの生産性を大きく下げて**

いるのではないかということが確認された」

時間飢餓、つまり時間がないことが生産性を下げる。時間がないからやるべきことができないっていうことですね？

「そうではない。『時間がない／なさすぎる』という時間飢餓があることで、生産性がさらに低下するという考え方だ。時間がないと感じ、焦ることで生産性が下がる。生産性が下がれば仕事はさらに終わらなくなり、その結果、〝時間が足りない〟という感覚はより強くなり、もっと焦る……という負のスパイラルが生まれる。もちろん、やるべきことがほんとうに多すぎるとか、時間があまりにも足りなすぎるという場合は別だが、キミくらいの仕事内容なら、やるべきことが多すぎるわけでもないし、時間が足りないというわけでもないだろう」

またイヤミかよ。

「ハハハ。やるべきことは有限である。時間もけっこうあるという感覚を持つことによって、かえって仕事も進むようになるし、時間をキープすることもできるようになるという意味だ。**わたしたちは『もっと時間があったらいろんなことができる』と思いがちだが、そうではない。**時間は十分にある。この感覚を身につけることだ」

「時間飢餓」とは？

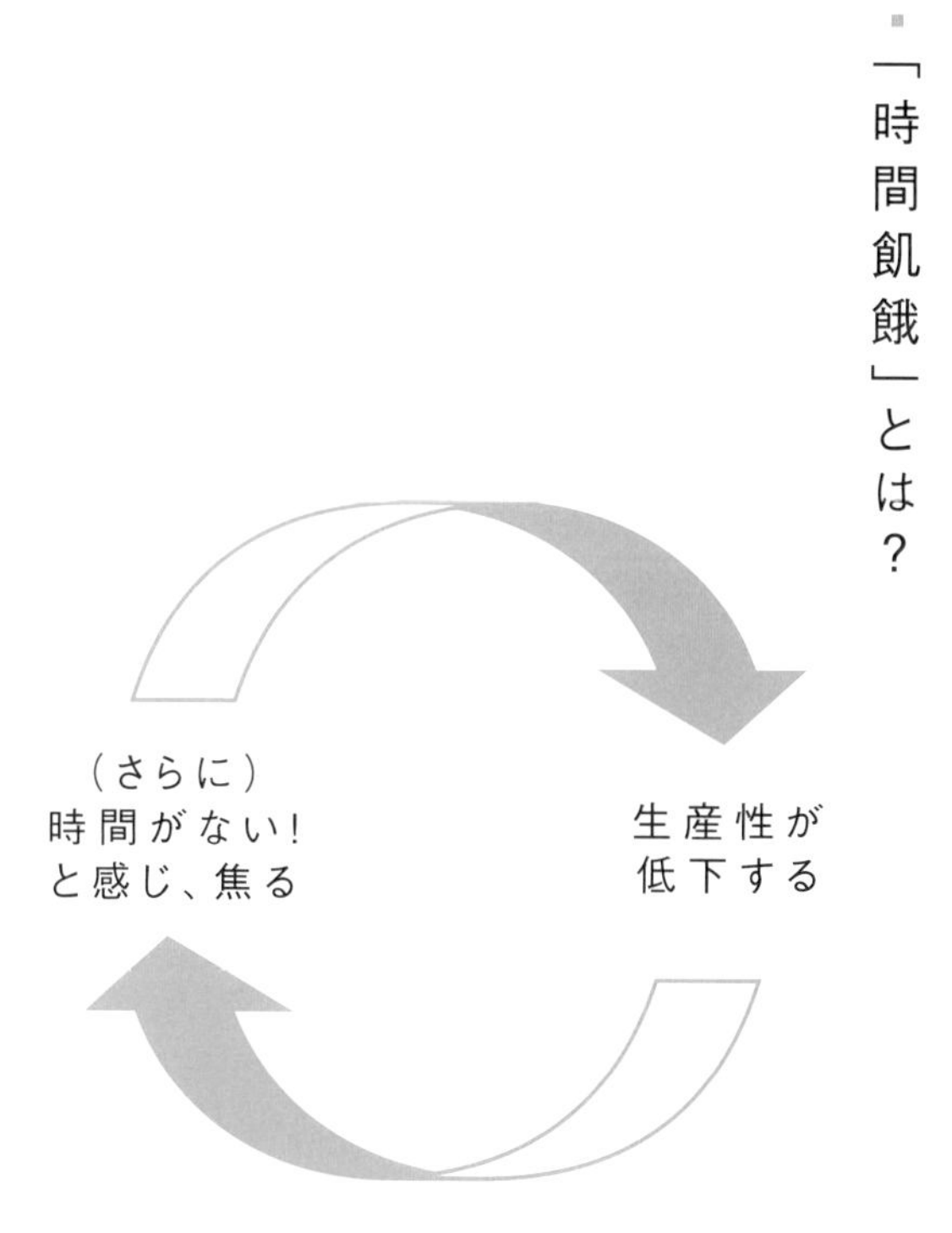
生産性が
低下する
（さらに）
時間がない！
と感じ、焦る

＊コンフリクト（葛藤）が時間飢餓を生む

いや。突然、時間飢餓の感覚をなくしましょうって言われたってムリですよ。そんなに簡単にできるんだったら、こんなに多くの人が苦しんでいないですって。しかも、やるべきことはそんなにない？　時間はけっこうある？　酒飲んでベロベロになって意識でも朦朧（もうろう）としていたら、時間はたっっっぷりあるぞ――とかうわごとで言えるかもしれないっすけど、実際は、夢のなかでもそんなことは考えないと思います。今思い出しましたけど、俺、夢のなかで提出しなきゃいけない書類が間に合わなくて、汗だくになって、それがいつの間にか海になって、そこで溺れてジタバタするっていうイヤぁな夢見たことありますから。

あのときの焦りを思い出しただけで汗がじっとり湧いてきた。イヤなことを思い出させてくれたぜ。

「2015年、ノースカロライナ州にあるデューク大学が、〝時間飢餓の心理〟に関する研究を行ったと発表している。123人の男女を対象に、お金や仕事のトラブルについて想像してもらい、人間の時間飢餓の感覚がどのように起きるのかを調べた。

コンフリクト[*30]、つまり競合する、葛藤するという概念があるんだが、**ゴールに対するコンフリクトが大きくなるほど、切羽詰まった感覚や焦りが生まれた**」

コンフリクト？？？　また初めて聞く言葉です。前も言いましたけど、アンタの話にかなりの頻度で出てくるカタカナは、日本語じゃダメなんですか？　コンフリなんとかだって、単純に「葛藤」とかじゃダメなんですか？

「マジメに答えると、英語の単語には英語の一語よりももっと豊かな意味や背景があることが多い。だから、葛藤だけでなく、競合のように似たようなものが競り合う感覚も持ち合わせている。勝手に頭のなかで日本語に変換するのはいいけれど、俺はなるべく正しい意味合いを伝えたいから、カタカナをやめる気はない」

そうですか。はいはい。わかりました。っていうか、言葉を覚えられないと記憶しておけないじゃないですか。それが困ったなぁーって。

「言葉なんて覚えなくたっていい。意味を理解しろ。概念をつかめ。コンフリクトなんて覚えてなくたって、両手のこぶしとこぶしをぶつけて、こういう状態になっているのはよくないんだと、頭に叩き込めばいいじゃないか。たとえば、欲しいものがある。でも、老後のために貯金がしたい。これがコンフリクトだ。ダイエットしたい。でも、目の前のケーキが食べたい。給料を上げるために資格の勉強をしたい。でも、週末は家族と過ごさなければならない。自分の仕事が終わっていない。でも、上司から仕事を頼まれると断れない。コンフリクトするものが目の前にあると、時間飢餓の感覚は強くなっていく。**時間を浪費することへの罪悪感、ゴールを達成できないことの恐怖がストレスを生む**んだ。**その結果、実際よりも時間が足りないという感覚に陥ってしまう。**つまり、時間飢餓の原因は、コンフリクトによるストレスと言える」

ヤツに言われたとおり、両手のこぶしをぶつけながら俺は言った。

コンフリクトっていうのは、つまり、同時には達成できない、ぶつかり合う目標があるからいけないっていうことですか？　それなら、やるべきことが多くてもひとつずつ片づけていくことができれば、いいんですよね。

「そうだ。ところが、競合するものがいくつかあったら、どれから手をつけていいかわからなくなってしまわないか？」

酒は飲みたい、でも健康的にいたい……みたいな？

「低レベルだが、そういうことだ。両立していないという感覚が焦りを生む。そして、時間が足りないという時間飢餓の感覚をつくる」

確かに、上司に頼まれたときは断れないし、困ります。断って怒られるのもイヤだけど、自分の仕事が終わっていなければ、それはそれで怒られるし。どうしたらいいんですか？

「対策としてはいろいろな方法があるが、わたしがすすめているのは、自分の目的にすべてをつなげてしまうというテクニックだ」

自分の目的にすべてをつなげる？

また全然わかんないことを言い出しましたね。

「たとえば、わたしの人生の目的は、知識の最大化だ。本や論文を読んでいるときがいちばん幸せだ。そこから得た知識を人に伝えることが、自分自身の知識の定着に役立つ。知識が定着し、新しい仕事が生まれたとしても、それらはバラバラの方向を向いているわけではなく、知識を最大化するという自分の人生の目的につながっている。かつ、もっとも幸せな自分のための、自由な時間も担保することができるというわけだ。こうなると、どれだけ忙しくなっても、知識の最大化という目的に沿っているなら悩むことは何もなくなる」

ということは……問題なのは、「やるべきことがたくさんある」ことじゃないっていうことですね。人生の目的がわかっていないから……？　たとえば、俺の場合、仕事があって、そっちで成功しようと頑張っているけど、もちろん彼女も欲しいし、そのためには出会いの場に行かなきゃいけないけど、月に50時間近く残業しているわけですよ。そうするとムリですよね？

俺がピンと来ない顔をしていると、Dは地面に矢印を描き始めた。

こんなきれいな図ではなかったが、まぁこんな感じだ。


それを見て、ようやく理解することができた。

「またカタカナだとイヤな顔をするかもしれないが、構造、枠組み、フレーム自体を変えてしまうので、**リフレーミング**[*31]とも言える。自分のやっている仕事や活動、自分のしている1日の行動すべてが、自分の人生の目的につながっているとわかると、コンフリクトはなくなり、生産性が上がり、新しいことも次々とできるようになる。なぜなら、毎日長時間働いているように見えても、本人にとっては仕事であり、遊びで

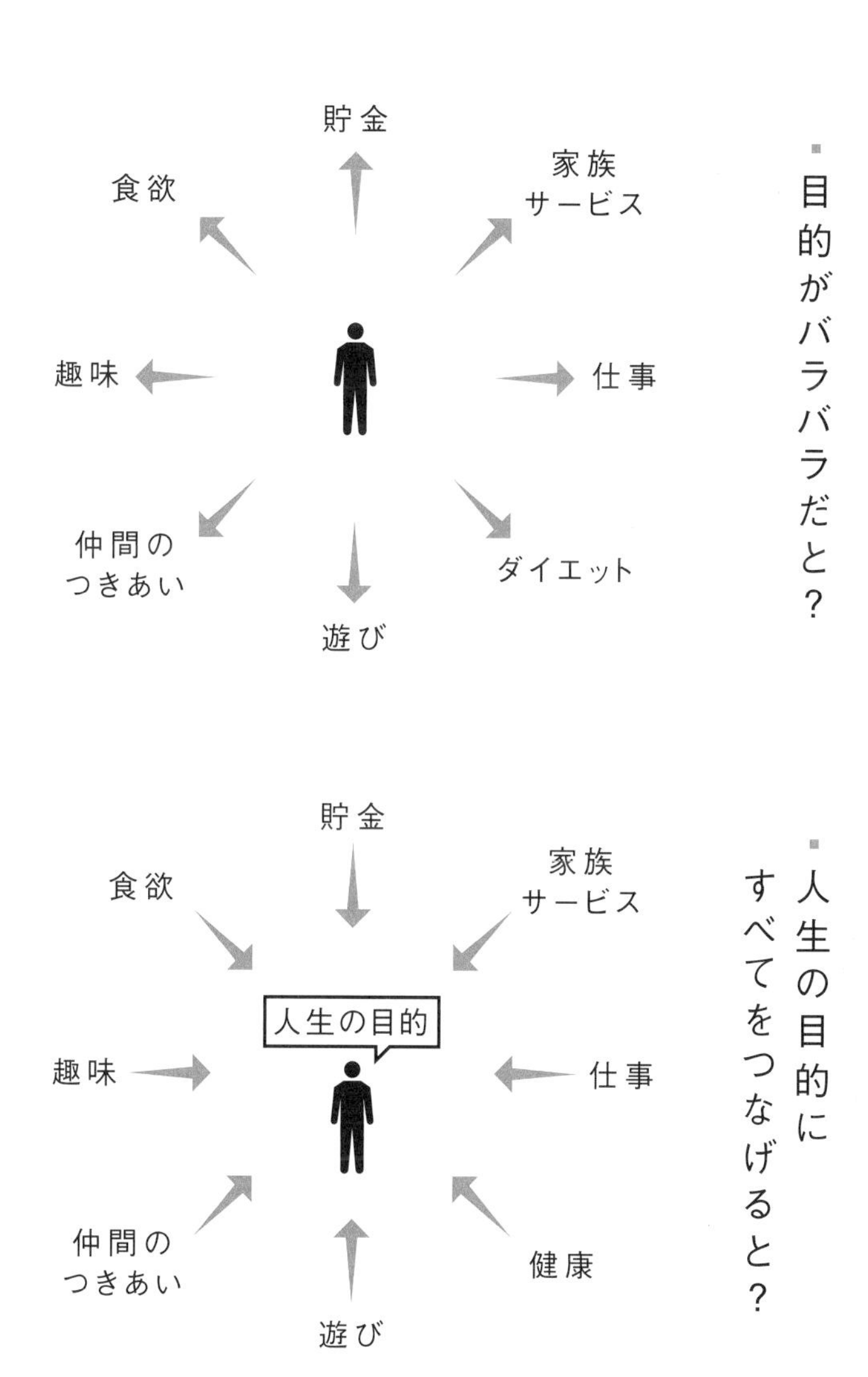
目的がバラバラだと？
貯金
家族
サービス
食欲
趣味
仕事
仲間の
つきあい
遊び
ダイエット
人生の目的に
すべてをつなげると？
貯金
家族
サービス
食欲
人生の目的
趣味
仕事
仲間の
つきあい
遊び
健康

あり、趣味であれば焦りはない。すべてはバラバラなものではなく、つながっていると実感できるからだ。まず、自分の人生の目的を考えてみろ。キミの目的はなんだと思う?」

人生の目的……なんて、そんな大げさなこと、考えたこともないです。

「今、考えてみてはどうだ?」

うーん……。楽しく生きたい。

「ふっ。短絡的な考えだな。まぁいい。では、楽しく生きるためには何が必要だと思う?」

うまくいってる仕事、かわいい彼女、友人、今はないけど没頭できる趣味。

「では、そのために自分がやるべきことを整理するところから始めるんだ。やることを決め、計画を立てるときは、コンフリクトが起きていないかどうかに注意をすることが重要だ」

やるべきことを決める……それが難しいんですよね。

「余談だが、**時間が足りないと感じているときは他人に親切にするといい。**それをすることによって、**余裕があるという感覚を持つことができ、時間を上手に使える**という発表がある。他人に親切にすると、社会に必要とされたという感覚が得られる。人に感謝されることでストレスが発散される。これにより時間飢餓の感覚も下がるので、仕事の生産性もアップするのだ。時間がないと思っている人ほど、他人のために時間を使ったほうがいいということだな」

なんだかやけに腹が減ってきた。スマホを見ると、もうすっかり午後だ。珍しく友人の山岡からのメールの通知がきている。なんだろう。この間の同窓会のときに聞かされた新しいビジネスの話か……。

「なんだ、人の話を聞きながら何をやっている」

あ。いや、ちょっと友だちから珍しく誘いが来て。仕事系の集まりがあるっていうので、返事だけでもしておこうかなと思って……。すいません。

Dは明らかに不機嫌そうな表情を浮かべ、この話もしておかなきゃいけないか……と言った。

＊マルチタスクによる時間汚染

「時間飢餓の感覚をもたらすものにもうひとつ、メリーランド大学のジョン・ロビンソン教授が提唱する『時間汚染』という概念がある。汚染とは、どういうことだと思う？」

えっ？　時間汚染。汚染？　雑談したり、余計なことをして時間を汚しているってことですかね。もしくは……時間になんかの不純物が入ってくる……？

「不純物が入ってくる。そうだな。目の前の作業があるにもかかわらず、合間合間に人に話しかけられたり、ＬＩＮＥの通知が来る、コーヒーが飲みたいなという雑念が横切る、どうでもいいことを思い浮かべる……というように、何度も分断されることがあるだろう。時間が分断され、細切れになることが時間汚染だ。時間のなかの不純物。いろいろなことに手をつけてしまう『**マルチタスク**』[＊32]とも言える。この**マルチタスクが、時間飢餓の感覚をさらに加速させる**のだ」

時間……汚染。マルチタスク。それ……ダメなんっすか？　そんなの日常ですけどね。今みたいにメールが来たり、会社で仕事していても上司から途中で頼まれごとをしたり、誰かに話しかけられたり。そのたびに、あ、時間汚染だ！　なんて思っていたら仕事にならないです。

「マルチタスクによって分断された時間は、ネガティブな感情を処理したり理性を司ったりする脳の**前頭前野**[*33]にストレスを与える。それにより、イラだちや恐怖といった感情を生み出す扁桃体(へんとうたい)が活性化。そのストレスが不安や焦りを生み、その結果、時間飢餓という感覚が起きるというわけだ」

つまり、ほとんどムリだけど、時間は分断しないようにすることがいいっていうことですよね。うーん。でも、やっぱり現実的な話にはならないです。

「職場では、〝話しかけるなオーラ〟でも出さない限り難しいだろう。しかも、そんなオーラを出せば、周囲はいい顔をしない。だから、自宅でゆっくりとした時間がとれるとき、たとえば動画を観ているときや本を読んでいるときは、メールやＬＩＮＥの通知に気づかない工夫をしておくことで脳の休息度合いが変わってくる。今は人と話をしていても、食事中でもスマホを触りながら、わざわざ自分で時間汚染を起こしている輩が多すぎる。それが〝時間がない！〟という焦りを引き起こしていることに気づいていないのだ。せめて、自分のプライベートな時間ぐらいは、時間汚染を起こさないようにしたほうがいい」

分断されずに、たとえば映画とかを観ることができたら、それだけでストレス対策ができるっていうことですか？

「そうだ。ミネソタ大学の研究で、キミのように**本を読まない人間が1日に30分ゆっくりと読書する時間をつくるだけで、68%もストレスが減少する**ことがわかった。疲れたなぁ、ストレス過多だなと感じたら、邪魔が入らない環境をつくって30分、読書するといい」

いやぁ――。そもそも本なんて読まないのに、30分間も読めないっすよ。それこそ逆にストレスになっちゃったりして。ははは。……あ、そんな呆れた顔で見ないでくださいよ。

「本を読む習慣がそもそもないヤツにはムリか。仕方がない。この研究では漫画は使われていないのだが、没頭して読めるならおそらく漫画でもいいだろう。キミのように文章を3行読んだら飽きるみたいなヤツは、読書に没頭できるまで相当な時間がかかりそうだからな」

お。漫画なら全然いけます！　30分でいいんですね。やってみます。でも、すでに時間飢餓を感じてしまっている場合は、どうしたらいいんですか？　焦らずに、しかも生産性を落とさないで目の前のことに集中したいんですけど、どうしたらいいのやらさっぱりわからない……。

「さっき言った2015年のデューク大学の論文には、コンフリクトによって起きた時間飢餓を調整する方法もあわせて書かれている。とにかくゆっくりとした時間を過ごすことがとても大事で、シンプルなのは呼吸法。**呼吸に注意を向けて、ゆっくりとした呼吸を行うことで、時間飢餓に対しても効果が上がる**と言われている。

5秒かけて息を吸い、6秒かけて吐く。11秒間の深呼吸を10回続けて行ったグループと、何もしなかったグループ。どちらにもコンフリクトするゴールについて考えてもらったところ、何もしなかったグループに比べて深呼吸したグループは、時間飢餓の感覚が約2分間で15％もやわらいだという結果がある。リフレーミングや目標の統合がすぐにできなければ、ゆっくり深呼吸する時間をつくるだけでもかなりおすすめだ」

目をそっと閉じて、言われたとおり5秒で息を吸い、6秒かけてゆっくり吐く。これを何度か繰り返してみる。

鼻から息を大きく吸い込むと横隔膜が横にグッと広がり、口から吐くと腹部がぎゅーっと縮まる。普段、自分の呼吸が浅いのがよくわかる。最初は吸い込むことに気合が入りすぎて、過呼吸気味になって頭がクラクラしたが、少しずつバランスがとれるようになってきた。

異なる木々の葉の青臭さ、ちょっと乾いたような土の匂い。風が運んでくる複雑な香り。それまで意識もしなかったさまざまな匂いが鼻腔を通り、脳内に広がっていくような気がした。

プロジェクトがなかなか進まないことや、リーダーになるまではよく飲みにいっていた同期が、最近誘ってくれなくなったこと。自分はまだまだダメなのに、今の立場は荷が重いと思っていること。上司からの頼まれごとにNOと言ってもいいんだという驚き。

たくさんの悩みや考えが香りと一緒に体内に入り、一気に吐き出されていく。

11秒間の呼吸を10回終え、目を開けると、気のせいかもしれないが、視界がより明るくクリアになっていた。

まとめ

- 時間がないのは、時間の認知がゆがんでいるせいかもしれない
- コンフリクト（葛藤）、マルチタスクが時間の認知をゆがませる

NOと言えるようになるための ステップ・ワーク

NOと言えない人が持っている7つの「非機能的思考」を認識し、NOと言ったときのメリットとデメリットを明らかにして、NOと言うことの心理的ハードルを下げるワークです。

ステップ1

「非機能的思考」を認識し打ち壊す

あなたがNOと言えない理由は何か、次の7つの「非機能的思考」を参考に考えてください。次にその考えを否定し「非機能的思考」を打ち壊してみましょう。

断れない人の7つの「非機能的思考」

非機能的思考1

NOと言うのは無礼で攻撃的である

NOと伝えることは誰もが持っている権利。NOと言えないばかりに安請け合いをして、逆にまわりに迷惑をかけていないか考えてみましょう。

非機能的思考2

NOと言うのは不親切である、自己中心的である

NOと言わず、答えをあいまいにしたり、先延ばしにして相手を困らせていないか振り返ってみてください。またあなた自身が、頼みごとをしたら相手は必ずYESと言うだろうと思い込んでいないか考えてみましょう。

非機能的思考3

NOと言ったら相手が傷つく、否定されたような気持ちになる

NOと言うことは相手を否定することではありません。相手が傷つかないよう相手の気持ちを考えた言い方でNOを伝えることが重要です。

非機能的思考4

NOと言ったら相手から嫌われるに違いない

NOと言ったら嫌われるというエビデンスはひとつもありません。根底に「自分がNOと言われたとき、相手は自分のことを嫌いなんだと考えてしまう」癖がありませんか?

非機能的思考5

他人の要求は自分の要求よりも重要

むしろ、他人に何かを要求されたときは、自分も何か頼みごとをしてもいいと考えて、他人の要求だけでなく自分の要求も叶えてみましょう。

非機能的思考6

わたしはつねに他人を喜ばせないといけない

自分自身の幸せを自分以外の誰かにゆだねるのはおかしいのと同様に、他人を喜ばせる必要は自分にはないということを認識しましょう。

非機能的思考7

小さなことにNOと言うのは、ケチで心が狭い

この考えがゆがんだ認知であることを知っておきましょう。小さなことでも引き受けたくないことにはNOと言っていいのです。

---

1 あなたの「非機能的思考」は何?

2 1 の「非機能的思考」を否定してみましょう

ステップ2

NOと言ったときと、YESと言ったときのメリット・デメリットを比較する

わたしたちはNOと言ったときのデメリット、YESと言ったときのメリットは考えても、逆はあまり考えないものです。そこで、NOと言ったときのメリットとYESと言ったときのデメリットも書き出し、客観的に比較してみましょう。

	メリット	デメリット
NO	NOと言ったときのメリット	NOと言ったときのデメリット
YES	YESと言ったときのメリット	YESと言ったときのデメリット

ステップ3

NOと言うための4つのメンタルチェック

アメリカのメイヨー・クリニックなどの研究によりまとめられたNOと言っても罪悪感をおぼえないメンタルづくりのための4つのチェック項目です。これらをチェックすることで、NOと言うハードルが格段に下がります。

1 優先順位の確認をすること

何かを頼まれたら、返答する前に「この頼まれごとは、自分にとってどれくらい重要だろうか?」と自分に質問する。この答えに基づいてYESかNOかを決める。

2 YESのストレス比チェック

その頼みごとにYESと答えたときそこから得られるメリットと、ストレスの比率がどれくらいの割合になるかを考える。

YES（引き受けたとき）のメリット　：　YES（引き受けたとき）のストレス

＝　　：　

3 罪悪感・義務感チェック

返事をする前に、相手への罪悪感・義務感で意思決定をしていないかチェックする。

（罪悪感の例）
「断ったら悪い」「断りにくい」

（義務感の例）
「いつもお世話になっているし」「つきあいも仕事のうち」

4 時間をおく。即答しない

即答しないで、「調整するのに1日（もしくは2日）ください」と伝え、最低でも考える時間を1日とる。1日もとれない場合は、できるだけ時間をおいて、1から3の項目をしっかり考える。メールで返答が可能ならメールを使う。時間的距離と物理的距離をおくことによって冷静になって判断する。

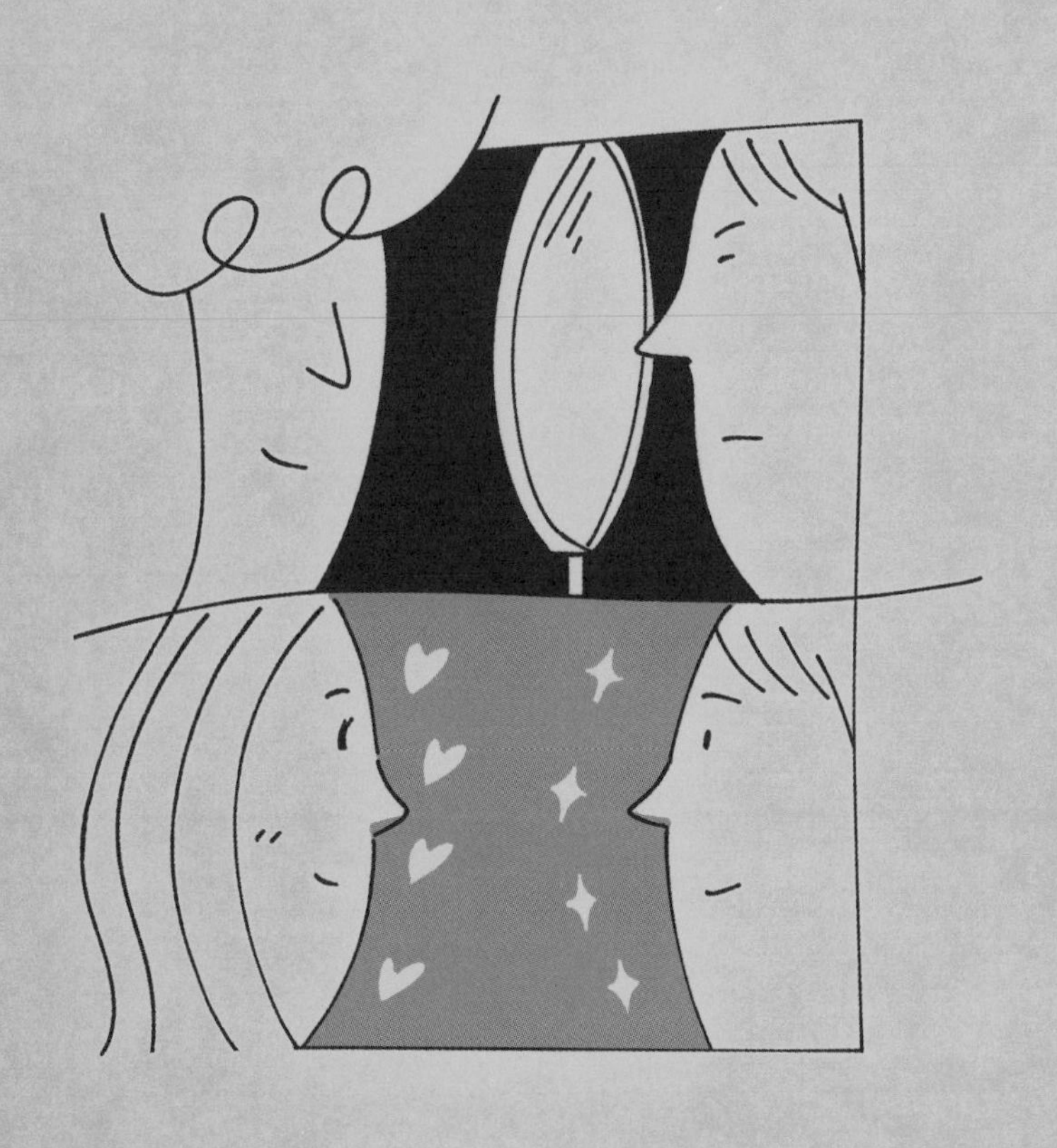

第4章

人間関係
他人を見抜く／他人に好かれる

リーダーという立場になり、人間関係に悩まされる翔太
気になる人が現れそわそわする翔太
信頼できる人とはいったいどんな人か
モテる人とはいったいどんな人か
他人を見抜き、他人に好かれるための第４章

シーン9

信頼できる人とは？

社内の先輩や同僚はもちろんのこと、社外の人たちにも応援されて、初めてのプロジェクトは成功裏(り)に終了した。

「リーダー」という重要な立場につかせてもらい、お願いしたことをやってもらえないことがどれだけ作業進行に影響を与えるのか初めてわかったし、あと、予定どおりにやってくれない人にどんだけ腹が立つものかとか、やっているように見せている人がいても、じつは嘘なんて意外と簡単に見抜けるものなんだなとか。立場が変わったら見えてくる世界がまるで違うこともわかった。

朝のルーティンは、カーテンを開け、その足で床に手をつき、太陽の日差しを浴びながら（もちろん太陽が目で見えないときも）腕立て伏せ5回、その後スクワット5回、腹筋5回を3セットと、少しだけステップアップしている。

Dいわく、**朝起きてすぐに何かをやり遂げると、1日が効率的に過ごせる**という不思議な研究結果もあるそうで、確かにタスクをひとつ終わらせたような気になって気分がいい。

ついでに、この方式でこの俺が朝の運動をサボらず継続できているのは、**すでにルーティンになっているものと何かを組み合わせると、驚くべき確率で習慣化しやすい**からだそうだ。俺の場合は、カーテンを開けるという小さいルーティンにくっつけたわけだけど、そんなに気合を入れなくてもスムーズに運動に入れるのは意外なほどだ。

Work 5

はっ？ **イフゼン・プランニング**[*34]？ なんですか、それ。

習慣の話をしているとき、Dがまた、よくわからないカタカナを俺に言った。

「If（もし）とThen（そうしたら）、つまり **〝Aの状況になったら、Bをする〟というように、タスクのタイミングをあらかじめ決めておくことによって、Bの行動を習慣化する**という、じつに簡単なメソッドだ」

ふうん。条件が決められたToDoリストみたいなもの？

「まぁ……そんなところだ。達成したい習慣に条件をつけておき、それをすでにルーティンになっている行動をきっかけとして結びつけることによって達成しやすくする。わたしたちは日々、さまざまな目標を立てるが、そのなかで習慣化するものはほんのわずかだ。またキミは『意志が弱いから……』などと言い出しそうだが、その習慣をいつ・どこで・どういう状況で行えばいいのかを決めてあげないと、わたしたちの脳は記憶することも、適切に反応することもできない」

脳が記憶できない?

「たとえば動物の本能は、敵が来たら逃げる、おいしい匂いがしたら獲得しにいく……というように、生存を有利にするべくこのＩｆ Ｔｈｅｎの形で進化してきた。ということは、日常的な動作でも、〝〇〇したら××する〟というように、きっかけに結びつけて記憶しておくと脳が理解しやすいというわけだ」

ふうん。なんだか簡単そうだけど効果はありそうですね。でも、以前教えてもらった「マルチタスクによる時間汚染」の話を、この間、先輩に伝えたら、「お前、そんな理論ばっかり覚えて頭でっかちになってないで、ちゃんと実践につなげろ。科学とか心理学なんて単なるノウハウだろう？　ノウハウ・コレクターになって行動できない人間になるなよ」って言われちゃいました。ははは。

　そう言ってDを見ると、彼は俺の顔を見ながら外国映画でときどき観るみたいに、呆れたように頭を振ってこう言った。

「有益な情報を教えているのに、そういう頭の悪いことを言うやつがどこにでも一定数いるようだな。科学に裏づけられたメソッドを批判するなら、いっそ自分だけ原始時代に戻ればいい。過去の偉人たちが積み上げてきたさまざまなノウハウを、後世の人間が活用しないなんて恥もいいところだ。世のなかには科学の有効性とか妥当性を疑問視する向きもあるかもしれないが、個人の考え方や体験などと比べたら、科学のほうがよっぽど信頼がおける」

　いつもの早口が1・5倍増しになった！　どうやら怒らせたようだ。

「何事も、試して自分のものにできるかどうかが重要なのだ。ノウハウがどうのこうのと言っているやつは、スマホやパソコンも使わなければいい。いわゆる文明の利器は、科学技術とノウハウの塊だからな。……まぁいい。とにかく、このIf Thenのメソッドは研究データ数ももっとも多く、かなり信頼がおける」

あ。はい。わかりました。○○したら××する、ですね。で、○○は、すでに習慣化されていること。ちょっと考えてみよう……。

「ジムに通うなどという運動の習慣化は、一般的にはかなり難しいと言われているのだが、この**IfThenのルールを使うと91%の確率でジム通いが継続した**という衝撃的な結果が出ている」

91%!

「コロンビア大学モチベーション・サイエンスセンターの副所長であり、社会心理学者のハイディ・グラント・ハルバーソン氏の著書『やり抜く人の9つの習慣 コロンビア大学の成功の科学』(ディスカヴァー・トゥエンティワン刊)によると、このルールはダイエット、感情コントロール、先送りの防止など、あらゆる点で万能に使えると言っている。メンタルや性格の改善において強力なパワーを発揮するという、2016年のデータもある。さっき言ったジムに通う習慣化の実験は、治験者に月、水、金の朝が来たら、仕事前に1時間ジムに行くというプランを立てて参加してもらった」

月曜の朝なんて休み明けで憂うつだし、金曜の朝は1週間の疲れがたまってる。仕事の前に1時間ですかぁ……。俺はムリっすね。

「If Thenでプランを立てた参加者は、数か月経過したあとも91％がジム通いを継続させていたそうだ。だが、**このプランを導入しなかったチームは、同時期にはわずか39％に減っていた。**数字を見れば、効果性にかなりの差があることがわかる。

我々は、新しい目標をただポツンと目の前に置いて、さぁ頑張ろう！ と思いがちだ。だが、単体で置かれた目標はすぐに忘れられ、数か月後には、記憶にすら残らなくなってしまう。このIf Thenルールを使えば、すでに存在する習慣Aをきっかけにしてタスクを行う、というように、**Aに関連づけて脳に命令**するので記憶に残りやすくなるんだ」

……というわけで（話が長くなったけど）、目が覚めたらすぐにカーテンを開けるという朝のルーティンのあと、腕立て伏せに始まり、今ではそこに少しずつ新たな負荷がくわわっている。**ハビット・チェーン**[*35]、鎖をつなげていくように習慣をつくるっていうことらしい。そして、これが自分でも驚くくらい続いているんだよな。

関連づけるべきAの行動には、こんな条件が決められている。

・**すでに身についていて、毎日やっていることに関連づける。**

・できれば、同じ時間に行う。
・安定して同じ場所で行う。

これらが成功の秘訣みたいだ。ほんとうはもっときつい腕立て伏せとジャンプを組み合わせた**バーピージャンプ**[*36]とかいうのを入れろと言われているんだけど、ムリですぅ～と逃げ回っている……今のところは。

＊ 誠実性が高いか、能力が高いか

約束よりもずいぶん日にちがあいて、久しぶりにDに会うことができた。

「おう。久しぶりだな。生きてたか」

何言ってるんですか。この数日、雨が降ってたけど俺、わざわざここまで来たんですよ。それなのに、アンタいないから。

「ハハハ。そうだったか。雨の日に裸足でトレーニングするほど酔狂じゃないな。どうだ、日常は」

トレーニングはやってます。おかげさまで……っていうか、アンタは別に何もしてないけど。イベントは無事に成功しました。まぁ、ただ……。

「ただ、なんだ？」

俺がちょっとうまくいったからなのか、なんとなーく同僚が飲みに誘ってくれることが減ったなーって思うことがあったり、今まで俺のことなんてスルーしてきた先輩が、突然、仕事を手伝ってほしいとか、何か一緒にプロジェクトをやろう！　って言ってきたりしてて。なんか人って信用できないなっていうか、胡散臭いなぁって。

「そんな先輩たち、相手にしなきゃいいじゃないか」

そうなんですけど……。大きな会社じゃないんで、スルーしたくてもけっこう顔を合わせる機会はあるんですよね。そのたびに、どうだ？　やらないか？　って聞かれて。俺ももういい年齢なんで、どんな人とつきあったらいいのか、考えたほうがいいのかなぁって。

「つきあうって、彼女でもつくるのか」

人の話、ちゃんと聞いてます？　もちろん彼女も欲しいですし、じつはちょっと気になる女の人もいるんだけど……って、それより先輩と仲間のことで相談に乗ってください よ。

「**世のなかには、味方になる人とならない人がいる**のは……知ってるよな」

はぁ、なんとなく。じゃどういうタイプだ？　って言われるとわかんないけど。

「まず、キミがこれから社内で出世していくとして、つきあっておいたほうがいいのはどういうタイプだと思う？」

えーと……俺のことを信じてくれて、かつ裏切らない人、とか？

「ま。普通はそう考えるだろう。**つきあうべきは、長期にわたって信頼関係を築くことができ、ビジネスの成功率を高めてくれる相手**だろう」

やった。当たった！

「他人を信用することにおいて、大きく分けて2つの指標がある。相手の誠実性が高いか、つまり裏切ったりしなそうか。そして能力があるか」

あ、能力も必要ですよね。

「そうだ。相手がどんなにいい人でも能力がまったくなかったら、その人の仕事を信頼するのは難しい。人柄はすごくいいけれど、医療ミスするような医師に診てもらいたくはないだろう？　その逆で、性格はひどいが腕の立つ医師。どっちを信用するのか。普通は、誠実性が高く、能力も高い人を選びたいと思うが、そんなにいるものじゃない。だから、誠実性と能力を引き換えにしてしまうんだ。能力が高いと性格がゆがんでいるんじゃないか？　と思うし、人柄がすごくいい人は、あれだとだまされやすいんじゃないか、つまり能力が低いと見てしまう。相手が信頼できるかどうか、どんな相手を選んだらいいのか。この判断はかなり難しい」

ですよね。自分のことだってよくわからないことがあるのに、他人のことを理解するのは難しいですよ。

「相手の信頼性を判断したり、能力を判断すること自体が難しいわけじゃない。では、何が難しいのか？　相手の人間性のことではなく、むしろ自分たちの判断基準の見極めの問題だ。**わたしたちの多くは、人を見るときに間違ったガイドラインを採用している**。そこに間違いがあるんだ」

人を判断するときの間違ったガイドライン……ですか。なんだかすでに、ややこしいですね。「間違ったガイドライン」ってなんだろう。つきあう相手を選ぶときの基準ってことですよね。それが間違っている……と？

「そうだ。**人間の性格としての誠実性は、その人が持つ遺伝子である程度決まっている**ことが証明されている」

遺伝子で？　その人の誠実性がわかるんですか！

「**科学的、心理学的にもっとも信憑性があるとされている『ビッグ・ファイブ』という性格分析**の理論がある。現状で心理学者たちがもっとも支持している理論で、古くからたくさんの実験を経て、その正確性について実証されている。**人の性格は、5つの性格因子の組み合わせで決定される**と考えるものだ。性格の遺伝性をざっくり言うと、知的好奇心の強さや想像力の豊かさ、新しいアイディアなどへの親和性を表す『開放性』は52％が遺伝だ。感情のコントロール、責任感の強さ、良心性を表す『誠実性』は52％、社交性および積極性を表す『外向性』は46％が遺伝で、他者への共感力や思いやりを測定する『調和性』は36％、ネガティブな刺激への反応の強さを表す『神経症傾向』は46％が遺伝するという数字を出しているところもある」

へぇ。性格も科学で解明されるんですね。

「遺伝要素以外は、住んでいる場所やつきあっている人を含める環境、つまり後天的に変えることができると言われている。誰でも誠実な人とつきあいたいと思うだろう。ビジネスなら余計だ。キミも最初に『裏切らない人がいい』と言ったように、誠実な人ほど仕事の達成度や良心性において信頼できるからな。ただし、誠実さというのは不変ではない。つまり変化するのだ」

変化する？ つまり、誠実な人が、そうじゃなくなるってことですか？

「そうだ。人を見るときの間違ったガイドラインというのはまさにそこで、今誠実な人は将来もずっと誠実でいてくれるだろう、真面目でいてくれるはずだと判断するから失敗するのだ」

誠実な人って、ずっと誠実な気がするけどな。じゃ今、誠実な人が、いったい何があったら誠実じゃなくなるっていうんですか？

「カリフォルニア州にあるクレアモント・マッケナ大学の研究によると、人に見られている状況では不正をしない人でも、**誰にも見つからないことを確信すると、じつに90％が不正な行動をとる**と出ている。誰かが見ていなくても不正な行動をとらない人はわずか10％だ。つまり、状況が変わると人間の誠実性は上がったり下がったりするという結果が出た」

なるほど……。誠実性って、意外と信じられないよってことですかね。まぁ、その不正な行動っていうのが、書類の改ざん……みたいなヤバイやつじゃなくて、疲れて帰社したときに、会社の冷蔵庫にあった他人の食べものや飲みものを飲んじゃう……

みたいなことも含めてってことですよね。

「そうだな。別の研究では、**人間の誠実性は、長期および短期で得られる報酬との関係性によって変化する**という結果もある。今は真面目で、誠実に仕事をしてくれる人がいる。だが、会社が苦しくなって、給料を半分に削ることにした、そのときにその人が誠実に働いてくれるかどうかはわからないよという話だ。つまり、誠実性は条件に依存するものであり、どんなにいい人でも、状況や待遇や人間関係が変わると、悪人にもなれるということだ」

裏切られないというか、自分に対して相手が誠実で居続けてくれるために、何かできることはないんですかね。

「いい質問だ。相手から見たとき、キミに〝長期的なメリット〟がある場合は、裏切られる可能性は低くなってくる。相手がキミとつきあったときに、どういう得があるのかを考えるべきだということだ。**お互いウィンウィンの関係じゃなかったら、長期的な信頼性や誠実性は確保しづらい**と思ったほうがいい。キミに対して誠実でいることが相手のメリットになるなら、相手は誠実でいてくれるだろう」

俺と仕事をするとか、つきあうことが得である、と？　それをつねに俺が意識していないといけないってことか。

「相手にとって、キミを裏切る理由がないこと、とも言えるな。相手を信頼するか否かのポイントは、人柄や誠実性を見ること。お互いがウィンウィンであること。そして、万が一、相手に裏切られた場合、そのデメリットを吸収できるかどうか。もしも、会社のすべての経理をその人がひとりで見ているとしたら、裏切られたデメリットは膨大だ。このいずれかに引っかかるなら、相手を信頼するのはやめたほうがいい」

相手が損得を考えたときに、俺との関係を切ったら損だなって思ってる間は裏切られないってことですか？　アンタの言葉を借りれば、俺を「裏切った場合のデメリット」が、俺を「信じた場合のメリット」より低ければ……？

「いつでも裏切られる可能性はある。そう思っておくことだな」

＊信頼される6タイプの人材

聞いていて、だんだんイライラしてきた。なんだか、ずいぶん上から目線な論理だな。

そんな合理的でひどい話、受け入れられませんよ。まるで、人間の価値は利用しあうためだけしかないみたいじゃないですか。変わらずに誠実でいられる人だっていると思うし、相手の人間性が好きで、だからこそ一緒に仕事をしたい、つながっていたいと思う人だっているはずです。

「もちろん、それもしかりだ。企業のトップ20%という、**社会的に成功した人たちがどんな人とつきあっているかを調べた、2012年バージニア大学の研究**がある。そこで明らかになったのは、**6タイプの人材**だ。まずは、新しい情報や専門知識をもたらしてくれる人。**スペシャリスト**だな。マーケット意識を高めてくれる社内スタッフや業界の動向を教えてくれるクライアントなど、専門知識を持ち、ヒントをくれる人。困ったときは誰に聞けばいいのかを知っていることが、いちばん賢い。

次に、**オフィシャルな権力者**。影響力があり、人を集めたり、プロジェクトの調整を助けてくれたりと政治的にサポートしてくれる。人間関係のスーパーコネクター。

3つめは、**アドバイザー、コーチ**。ためになるようなフィードバックをくれる人。決断するときに、意見やフィードバックをくれる。初期段階は先輩、上司、クライアントがこの役割を果たすことが多い。仕事に慣れてくると同僚、友人、恋人や妻。同じ目線に立って容赦ないフィードバックをくれるほうがいい。占い師などもこの類(たぐい)だ」

ほら。成功している人たちだって、人を利用するばかりではなく、友人や奥さんの意見を大切にするっていうことですね。

「成功している人が人を利用するというのもまた偏見だけどな（笑）。4つめは、**個人的にサポートしてくれる仲間**、仕事でないときも支えてくれる友だち。5つめは、新しい目的意識や価値観をもたらしてくれる人。仕事の意味、能力などを広げてくれて、**刺激をくれる人たち**のことだ。そして最後は、心身のバランスを整えてくれる人とある。仕事とプライベート、つまり**ワークライフバランスをとってくれる人**だな。

こうやってみると、**成功している人たちは公私のどちらもとても大事にしている**ことがわかる。**のし上がるためにはビジネスの人脈が必要、乗り越えていくにはプライベートな人間関係が必要**というわけだ」

信頼する相手も、プライベートと仕事では違うってことですか。仕事では……というか、利害が絡んだら、自分に長期的メリットがないといつでも裏切られる、と。

「確かに、たった今誠実な人はいるかもしれない。ただ、人間は変わっていくものだと覚えておくといい。キミは、人間は何によってもっとも変わると思う？」

お金、ですかね。

「そうともいえるが、立場だ。立場とはつまり権力。権力を持つと人間は変わる。カリフォルニア大学の研究に、**地位が高くなり強い権力を持てば持つほど、人間は正直ではなくなり、信頼性も低くなった**という結果がある」

最初は野心のあった正直者の若者が、政治家になったとたん、どんどんズルくなっていく。そんな話が頭のなかに浮かびました。

「もしもキミが、社内外での仕事をよりうまくやるために誰かにとり入ろうと思ったら、あまりにも雲の上の人を信頼すると勝手に裏切られるからやめたほうがいい。その相手にとって、キミは〝あまりにも雲の下〟の人間で、どうなろうがどうでもいいからだ」

あまりにも雲の下の人間って……初めて聞きましたよ。

「まぁ。相手にとって必要不可欠な能力をキミが持っている場合は別だが、それも相手にとっては短期的な要望にすぎない。現実的なのは、少し上くらいの人と一緒に上がっていくというイメージだな。将来的に仲よくしたい相手と同じくらいの地位の友だちをつくるか、その人がかわいがっている部下、弟分、後輩くらいの位置につくこと。段階を踏むようにするのがいいだろう」

とすると、その先輩は、ぶっちゃけ会社の出世ラインからは微妙にズレたところにいるんですよね。ただ、自分がやってきたことやこれからやろうとしていることにものすごく自信を持っていて。そういう意味では信頼できるかなって思うんです。出世ラインなんて、古い風習で、実力さえあれば上がっていけると思うし。

「もうひとつ覚えておくといい。無能さは自信で隠せる、という事実だ。ブリティッシュコロンビア大学の研究を見ると、人間は、**自分の利益に大きくかかわる問題にとり組んでいるときほど、自信がありそうな人が提供する情報を信用する**傾向がある。実際にその情報をとり入れたり、その情報をもとに判断する可能性が高まる。自信満々な人の嘘に引っかかりやすくなるということだな」

そんなの困るじゃないですか。自信満々な人はどうしたって信じちゃいますよ。しかも、自分の利益に大きくかかわる問題にとり組んでいるとき……って、まさにこれからの俺じゃん（笑）。どうしたらいいんですか？　見抜く方法とか？

「この研究では、これに関する特効薬はないとされている。その自信には根拠があるのかどうか、自分できちんと調べるしかないな」

なんだよ。自分で調べるってことっすね。やっぱ自分かぁ。

「信頼できる人物かどうか、最終的には自分の直観もけっこう役に立つぞ。過去数十年にわたり、産業界や軍の研究者は、信頼をおくべき相手の特徴に関して調査を行っているのだが」

軍の研究者?

「そうだ。人に裏切られたら莫大なダメージを被る人たち——投資家から見たらだましとるタイプの経営者はどういう特徴を持っているか知りたいし、軍の場合は情報をリークするタイプを見分けたい。だから、研究が進んでいるというわけだ」

なるほど!

「でも、断言できるようなものは見つかっていない。なぜなら、人の信頼性を測るには考慮すべきファクターが多すぎるからだ。状況によっても変わるので断言ができないというのだ。ただし、コーネル大学とマサチューセッツ工科大学が共同で行った実験を見てみると、信頼に値しない人がとる『行動』は、ある程度共通しているようだ。共通するジェスチャー、動きがある。たとえば、**体をそらす、腕を組む、手や顔を触るなどのしぐさがたくさん見られる人は、あまり信用できない**と出ている。最初に直観の話をしたが、**人間には、対面の直観だけで相手を見抜く能力が20％くらい備わっている**ので、大いに参考にするといい。人を観察することに慣れ、最終的には直観に頼ることが意外といいパフォーマンスを導き出す」

＊人を見誤る6つの失敗

なんだか、わかったようなわかんないような……。結局、自分を信じるしかないみたいですね。アンタはデータはたくさんくれるけど、どうしたらいいか明確な答えはくれない。頭が混乱して、なんだかムカついてきました。

「では、ひとつ教えてやろう。キミの昇進が将来頭うちにならないように、もしくは出世コースからはずれたザンネンなビジネスマンにならないように、そういう輩がやらかした**定番の失敗6つ**を教えてやる」

またムカつく言い方しますね。

「まず**失敗1、形式主義になること**[*37]だ。組織内の役職、職位を重要視しすぎるタイプ。プライベートな関係がもたらす効率やチャンス、好機を見すごして、組織内の権力者とか実力者しか味方につけようとしない。ときどきいるだろう？　地位や肩書が大好きな人間。お金持ちや学歴が高い人とだけつながりたい！　とか、エラい人としかつきあわない自分はそれだけで一流！　というアホが」

いますね。でも、俺は全然そういうのは興味がないから。

「**2つめの失敗は、外部を過剰に重視すること。**ムダに人脈を広げまくるタイプだな。広げることが目的になってしまい、どれとして友好な関係になっていない。知り合いの人数だけ増やすタイプも同じだ。**3つめは孤立主義**[*38]。専門的な知識にこだわりすぎるあまり、新しいスキルの獲得をうながしてくれる人よりも、自分が専門的に持っている知識を重視し、専門性を評価・議論してくれる人にくっついていってしまう。成功しようと思ったら、広くいろいろなことを学ぶ必要があるし、新しい世界を見せてくれる人とつきあうことでさまざまな可能性に触れることができるのだがな。医師たちが陥りやすいとも言われている」

自分のことをわかってくれる人とくっつけば、ラクですからね。とくに医師なんて、エリート意識も高そうだし、ちやほやされたかったりして。
「**失敗の4つめは、確証バイアス**[*39]だ。部外者に意見を求めるべき場面でも、自分の考え方が正しいと確信させてくれる相手ばかりに頼る。真逆な意見はとり入れない。これを打破するには、自分と真逆の意見を言ってくれる人と仲よくなるしかない。そして、人脈の規模は大きければ大きいほどいいと思っている、**見せかけ主義**もダメだ。友だちの多さだけを自慢するヤツは、誰からも必要とされていないし、大事にされていないものだ」

それはちょっと言いすぎじゃないかな。俺は友だちが多いほうじゃないから、友だちが多い人はそれだけでうらやましいし、人脈があるってある意味、才能だと思いますけどね。

「**人脈とは、誰を知っているか？ ではなく、誰に知られているかで決まる**。見せかけ主義はその言葉のとおり、見せかけの人脈だ。それでは失敗して当然だろう。最後は、**日和見主義**[*40]だ。できる人ほど自分の価値観を曲げない。違う意見は尊重するが、自分の考えも明らかにして正確なフィードバックをもらう。誰かに気に入ってもらうために自分の興味や価値観、性格までも変える輩は存在するが、それでは誰にも信用されない。この6つを肝に銘じて、せいぜい失敗しないようにするんだな」

俺、そんな失敗はしないので、ご心配なく！

「キミが犯しがちな失敗は、相手によって自分の考えがグラグラ揺れることだろうな。気をつけろ」

だから、心配ないって……と大声を出そうとしたところで、Dが「そう言えば……」と言って、俺を見てニヤリと笑った。

「今日ここに来たときに、気になる人がいるって言ってたな。女性か？　男性か？」

ちょっ。俺、男性を好きになったことは今までないです。

「ふん。そうか。職場の女性か？」

あ。はい。俺がプロジェクトのリーダーをやっていたときの、事務方というか。いろいろとものすごく助けてくれて……。でも、まだなーんにも始まっちゃいないです。

Dは俺の顔を見て、そのままゆっくりと視線を下げて俺の服を見た。

「人たらしという言葉があるが、そこまでいかなくても、もう少し万人にモテるということを考え始めてもいいかもしれないな」

まとめ

- ルーティンになっているものと結びつけると習慣化しやすい
- 長期的な信頼性や誠実性はお互いウィンウィンの関係で成り立つ
- 余計なフィルターをはずして人を観察し、最終的には直観で人を判断せよ

シーン10

どんな人がモテるのか

Dと出会ってまだ数か月。俺のことをずっと見てきた親友でもあるまいし。「もう少し万人にモテてても……」って、俺ってそんなにモテないと思われてるんだろうか。確かに、これまで女性にモテたことなんてないから、一生に一度くらいはほんの少しでいいからモテ気分を味わってみたい。

まぁそうですね。一生に一度くらい、モテてもいいかな。

「モテると簡単に言うけれど、自分が**気になっている相手にモテたいのか、万人にモテたいのかではずいぶん変わってくる。**大勢に人気があるからといって、意中の相手に好かれるとは限らないだろう。誰にも〝好み〟があるから、相手に好きになってもらえるかどうかは、〝モテる〟こととは別問題だ。ただ、面白いのは、**意中の相手か**

らモテない人は、なぜか同性……つまり、好意の対象外からもモテないということだ」

いやいや。それを言っちゃ身も蓋もないじゃないですか。俺が女性にモテないからって、男からも好かれないって……？　そんなこと、ありますかね。

「まずは、モテを知るために、非モテの特徴を知っておくといい」

非モテの特徴？

まぁいいです。それ、教えてください。

「**2742人の独身男女を対象にした、シドニー大学の『非モテの特徴』に関する研究**がある。論文のタイトルは『関係性の破壊要因』。つきあいたくないと思われるのは何が要因なのか、最初に92人の学生にヒアリングし、嫌われる要因をリスト化した。その後、そのリストから49タイプを割り出し、さらに新しい295人の学生に順位づけをしてもらった。最終的に2742人の独身男女に同じアンケートをとったものだ。全部で17項目ある。順番に見ていこう」

はぁ。17ってこれまたずいぶん中途半端な数ですね。どーでもいいですけど。

「17位は、6％の人が選んだ項目で、筋肉がなさすぎる」

あ！　前に俺の体脂肪率24％をあざ笑ったときに言ってた研究ですね……。でも確か、16位は筋肉がありすぎる、だったような。

「そうだ。よく覚えているな（笑）。確かに16位は、9％の人が選んだ『筋肉がありすぎる』だ。12位から15位はいずれの項目も14％の人が支持している。15位はすでに子どもがいる、14位は子どもを欲しがらない、13位は不愛想、12位はしゃべらなすぎる。ちなみに11位は23％の人が選んだ『しゃべりすぎ』だ」

なんか……みんな好き勝手言ってますねぇ。参考になるんだかならないんだか、よくわかりません。

「上位になるほどパーセンテージも上がってくるので、まぁ待て」

10位くらいになれば、少しくらい参考にできる内容でも出てきますかね。

「どうだろうな。10位から8位は33％の人が支持している。10位、自分の意見を曲げなくて頑固。9位、性欲が低い。8位、テレビの見すぎ、あるいはゲームのやりすぎだ」

タメイキしか出ないっす。せいぜい参考になるのは、10位の頑固じゃモテないよ～っていうことくらいですかね。性欲が低いって非モテになるんですか？？？　これ、男女合わせたアンケートですよね。性欲って……。

「まぁそう引っかかるな。続けるぞ。7位は40％が選んだ『自信がない』」

おぉ。少し参考になる項目が出てきましたね。女性は自信のない男性が好きじゃないだろうことはわかるけど、男も自信のない女性は選ばないいんですね。ふうん。

「6位だ。47％が選んだのは、『ベッドテクが下手』だ。テクニックと書いてあるが、厳密に言うと、相手のニーズがわかっていないということだ」

またそっちですか！　しかも6位。俺、自信なくすなぁ。

「いや、逆に自信をなくさないように活用するんだよ。しかも、テクニック自体ではなく、相手のニーズがわかっていないとあるだろう？　お仕着せの行為ではなく、目の前にいる相手のことを考え、オーダーメイドが必要ってことだ」

オーダーメイドねぇ。

「上位5位を教えるぞ。5位は全体の49％が選択した『会うのに3時間以上かかる場所に住んでいる』という項目だ。反論が出そうなので先に説明すると、手間がかかりすぎるのは、非モテにつながるということだ。接触回数が多くなるほど、人はその相手に好感を抱くという**ザイオンス効果**[*41]**（単純接触効果）**は有名だが、偶然でも会う可能性のある距離に引っ越したほうが関係性はよくなる」

俺がいいなぁと思ってる彼女がどこに住んでいるのか詳しくは知りませんけど、都内在住なので、3時間以上ってことはないです。よかった……。

「4位は、54％が選んだ『ユーモアのセンスがない』だ。ユーモアのセンスがある人は、頭の回転が速く、適応力が高そうに見られる。頭のよさをアピールできるような言葉のテクニックを身につけるといい。わたしみたいに」

はいはい（笑）。

「次に行くぞ！　3位は『貧しすぎる』。63％の男女が選んでいる」

それは、お金がないとモテないっていうことですか？

「いや。『金持ちがモテる』とは言っていない。お金がない、単に『貧しい』のとも違う。貧し『すぎる』、ここがポイントだ。一般的な生活が送れない、贅沢するわけではないけれど、**自分といるときにケチっているように感じるなど、生活に困窮しているのが見えてしまうとモテなくなってしまう。**これは男性でも女性でも共通しているな。２位は……怠け者。これは66％の学生が選んでいる。**〝貧しすぎる〟よりも、怠惰であることのほうがモテないのも興味深い。**何かに一生懸命になっていることが大事だということ。人は勤勉さに可能性を見ている。とも言える。怠けているところを大事な人に見せてしまうと、人として尊敬されなくなるということだ」

なんか、いろいろ頑張らないといけないんですね。

「いや。人生のどの場面でも勤勉である必要はない。が、こだわっている分野があること、夢や情熱を傾けているものがある人に、人は惹かれるものだ。そもそも人間は群れをなして生きる動物だから、群れのなかの怠け者を助けても自分には利益がない。生存確率が上がらないどころか、生き残れる可能性が低くなるという、本能からくる危険信号もあるかもしれない」

怠け者は群れのなかでは足手まとい……

って感じですか。社内の小規模なプロジェクトでしたけど、今回リーダーを経験したからこそ見えたことが、とってもたくさんありました。怠けている人ってなんとなくわかっちゃうんです。それは女性でも男性でも、確かに魅力的なあり方ではないなとは思います。

「最後の1位だ。よく聞いておけ」

はい!

「不潔、服装がだらしない、67%」

……は?

「清潔感のないのがもっともアウト、ということだ。たとえば、ちょっとアイロンをかければいいのにかけていない。袖口や襟まわりの汚れがなんとなく見える。いつも同じ服を着ているなど。男性から見ても女性から見ても、この1位は変わらなかった。モテることに興味があったら、せめて5位くらいまでは気をつけるようにしたほうがいいな」

はぁ……。俺の服のことなんて誰も気にしちゃいないから大丈夫ですよ。いちおう洗濯はしてるし、匂いはない。他人に迷惑はかけてないですっ。

「清潔感というのは、汚いかどうかというよりも、きれいさが感じられるかどうかだ。キミの基準ではなく、見る人の基準。たとえば……レストランにいても違和感がないか」

レストランでの違和感……？　それはちょっとなんとも言えないっす。レストランといってもファミレスとは違う……んですよね？

頭のなかで自分の服をひっくり返しながら、山口部長に届けものをしてDと再会した、あんな高級店に行けるような服を持っていないことに気づく。

Dはどのくらい前からああいう高級店に行くようになったんだろう。っていうか、いったい何をしていて、いくらくらい稼いでいるんだろう。

それより、俺はいったいいつになったら
彼女をつくれるんだろう……。

＊

やさしい人がモテない理由

わかりました。気になるあの人の近くに住んで、ユーモアのセンスを磨いて、貧しすぎず、怠けず、清潔さに気を配ります。

でも、俺、やさしさには自信があるんですよ。理想の男性を聞くと、女の人ってよく「やさしい人」って答えますよね。彼女も「やさしい男性」が好きだといいなぁ。

「確かに、モテる人の特徴に『親切な人』という要素はよく出てくる。ただ、その逆もあって、**親切でやさしいのにモテないこともある。**２００６年、サウスカロライナ大学の実験で、１９１人の男性に女性遍歴をたずねたところ、やさしいだけじゃダメだということがわかった」

やさしいのはダメなんですか？　なんで？　あ。女性が図に乗るとか？　軽い男に思われないように、わざと冷たくして、気を引くとか？

「そんな小手先のテクニックなんて、まるで効果がないことも知らないのか？」

じゃ、なんでやさしいのにモテないんですか。

「男性でも女性でも、**やさしい人は『共感能力[*42]が高すぎる』**ケースが多い。たとえば、今キミが気になっている女性が、何人かの男性にアプローチをかけられていることを知ったら、キミはどうする？」

うーん。まぁステキな女性なので不思議じゃないっすけど、ショックかな。俺に自信があればいいんでしょうけど。

「自分の気持ちを伝えるか？」

はい。たぶん……。

「では、彼女にアプローチしているひとりが、よく知っている同僚や先輩だったらどうする？　それでも自分の気持ちを伝えるか？」

あー……。うーん……。どうだろう。それを知ってしまったらどうするかなぁ。彼女の気持ちを考えると、近いところにいる2人から告白されたら困惑するだろうし、もし同僚や先輩が断られたりしたら、それもまた気まずいですよね。

「じゃ、あきらめるのか？」

急がないで、少し期間をあけるかもしれません。

「やっぱりそうか。そういうことなんだよ。キミがやさしいのはわかった。ただ、**共感能力が高すぎると、相手の気持ちや事情がわかってしまう。告白することもできなくなってしまう**んだ。もしもそこにもうひとり、彼女に興味のある共感能力の低い別の男がいたら、キミが時間をおいている間に、さっさと告白して、もしかしたら結婚してしまうかもしれないぞ。**つきあうなら共感能力の高い相手のほうがいいが、つきあう前はそれが障害になってしまうこともある**といういい例だ」

なるほど。そういうことですか……。ま、とはいえ彼女が俺みたいな男が好きなのかも、どんな男性に惹かれるのかもまったく知らないですからね。彼女の好みのタイプをヒアリングしたほうがいいですかね？

「相手の好みを知ってどうする？　もしも彼女が『背の高い男性が好き』と言ったらどうするんだ。今さら急に165センチから180センチには成長できないだろう」

167センチですよ、シツレイな……。まぁそうですよね。でも、外見だけじゃなく、中身に共感してくれるかもしれないじゃないですか。

「2006年、イギリスで最大級の出会い系サイトを分析した研究がある。登録者3600人のデータを調べ、男女の好みを割り出した。聞きたいか？」

はい、いちおう。イギリス人の好みらしいので、俺とはまるで共通点がないと思いますけど。

「項目は5つ。①女性は基本的に背の高い男性を好む、②女性は金を持っている男性を好む、③男性はスリムな女性を好む、④男女ともにタバコを吸わない相手がいい、⑤男女ともに魅力的ないい仕事に就いている人を好む。以上だ。イギリス人を対象に行われた分析だが、日本もどうせ似たような結果だ。どうだ、せつないだろう？」

はい。予測はしてましたけど、めちゃくちゃせつないっす。俺に当てはまったの、タバコを吸わない、だけでした……（涙）。

「ただ、**理想と現実は当然のことながら違うわけで、人間はそのなかで折り合いをつけて生きている。**人間が真に理想どおりの相手しか求めていないのであれば、女性は背が高くて、タバコを吸わない金持ちの男性としかつきあわないし、男性はスリムでタバコを吸わない、いい仕事に就いている女性としかつきあわないということになる。でも、そうでないことは、まわりを見ても、自分の親を見てもわかるだろう（笑）」

確かに。タバコを吸わないほうがモテるのかもしれないすけど、タバコを吸っている人だって彼氏や彼女がいますし、どんな仕事に就いていたって、彼氏や彼女ができる人もいれば、できない人もいますよね。

「この研究には続きがあって、じつに**98%が自分の理想を簡単に変えていた**ことが、データによって明らかになっている。ほぼすべての人が簡単に変えるのだから、たとえ理想からかけ離れていたとしても、状況次第でいくらでも脈アリに変わる。逆に、**基準を変えず、最後まで貫いたのはわずか2%しかいなかった**のだ」

俺の好きな人が、その2%のタイプでなければ、かなりの確率で脈アリに変わることもあるってことですね。うおぉぉぉぉ。

「社会心理学者のサム・サマーズ著『考えてるつもり――「状況」に流されまくる人たちの心理学』（ダイヤモンド社刊）には、人間がたとえ**自分の判断で物事を決めていると思っていたとしても、実際には、状況にかなり流されている**と書かれている。恋愛においては、どんな事柄が影響を与えるのか。その条件は5つ」

はい！　メモの準備、オッケーです！

①生活圏が近い、②接触回数が多い」

あ！　これはさっき言ってたザイオンス効果ってやつですね。

「そうだ。記憶力が上がってきているようだな（笑）。③相互利益がある、④乗り越えるべき障害がある、⑤類似性がある」

ふむふむ。③、④、⑤はちょっと深いので、考える時間が必要です。作戦練らなきゃいけないっすね……。

「万が一にでも彼女とうまくいった暁には、キミが山口部長に届けものをしてわたしと会ったあの店を2人に紹介しよう。わたしからの紹介だったら、少しだけ優遇してもらえるかもしれない」

え！　ま、マジですか！　すげー。あんな店に普通に出入りしているって、そもそもなんの仕事してるんだかいまだに不思議だけど。……あ。でも、あの店、超高級店ですよね。予算っていったいいくらくらいあったら大丈夫なんでしょう。

「オーダーする飲みものによっても変わってくるが、せいぜい……ひとり2万くらいだろう。3万はいかないいんじゃないか？」

に、2万円？　ひとり2万円ですか？　2人で4まんえん……。いやもう全然ムリっす。どんなに逆立ちしたって、今の俺にその金額は普通には出せませんよ。頑張って行けたとしても、そんな見栄張ったって長く続かないし。

「ふむ。そうか。それは残念」

はい……って、ちょっと！　スルーしないでくださいよ。冷たいじゃないですかっ！　俺もいいかげん、「金ないんっすよねー」ってヘラヘラしていられる年齢じゃなくなってきたんで。

でも、どうやったらお金って残るんですかね……。

＊お金が貯まらないのはなぜ？

「貯金はあるのか？」

いえ、ありません……。

「なんでないんだ」

なんでってそんなフッーに聞かれても、えーと、そもそも給料が少ないので、貯金までまわらないっす。貯めようとは思ってるんですけど。意志が弱いのでダメですよね。

「そんな言い訳を本気で信じているなら、会話はこれで終わりにするぞ」

いや。嘘です！　意志が弱いっていうのはジョークのつもりで言いました。ごめんなさい。給料が少ないのは嘘じゃないけど、でも、たぶん俺より給料がもっと少ない人でもきちんと貯金できている人はたぶん、いる……はず……？

「キミのように**貯金ができない人間は、情報の管理ができていない**ことが多い。つまり、**どこを削ったらお金が貯まるのか、逆に何にお金を使ったら稼げるようになるの**

か、わかっていないのだ。貯金をするなら、もっともお金が残るところから削るべきなのに、どうでもいいところから削ってしまう」

あぁ、たとえば今、俺が節約しよう！　と思ったら、コンビニのコーヒーをやめようとか、プラスチックの袋を買わなくてもいいようにつねにエコバッグは用意しておこうとか、ですかね。でも、実際そうやって貯めている人たちもいると思うし、別に悪いことがないんじゃないですか？

「**人間は、パッと思いつくところがムダだと思ってしまう傾向がある。**手近なところから減らそうとする。たとえば、都内に住んでいるならよほどのことがない限り、自家用車を持つ理由はないとわたしは思っている。安く見積もっても駐車場代が月に2万円、ローンの返済が10万円だとして、これに維持費や税金などが入る。月におよそ12万円を公共交通機関だけでなく、タクシー代やレンタカー代に自由に使えるとしたら、これはかなりの贅沢だ。執着や〝こうありたい〟という理想から離れて、現実的な計算ができるかどうかだ」

なるほど。でも、自家用車を持っていたいという気持ち、わかりますけどね。彼女ができたら、ドライブだって行けるし。

「ドライブなんて、レンタカーを借りればいいじゃないか。毎回、好きな車種を選ぶこともできる」

あぁ、確かにそうですけど。

「どこに使っているのか、どこを削ればいいのかなど、**情報があいまいで膨大な場合、人間はミスを犯しやすく、さらに自分にとって都合のいい判断をしがち**だ。たいした根拠もないのに、『彼女がいたら車があったほうがいい』とか。お金が貯まらないのは、意志の力が弱いわけではなく、見えないところでちゃんと使っているのさ」

外食が多いのもやめたほうがいいですかね。あ！　ラーメンとかファストフードは相当食べなくなりましたよ。でも、つい牛丼とか食っちゃうんですよねぇ。……牛丼とか、食べたことありますか？　なさそうですよね。

「ない。金のない時代もあったが、牛丼を食べるなら古本屋で本を買うことを選んでいたからな。まぁでも、キミの場合は車も持っていないから、大きく削るところがないのも事実か……」

そうなんすよ。住居費は削れないから、服も安くすませて食費もなるべく浮かせるとか。細かいところで削らないとダメなんです。

「人間は面白いもので、**誰かに『先週いくら使いましたか？』と聞かれ、そのあとに『では、来週はいくらくらい使うと思いますか？』とたずねられると、驚くほど低く見積もる傾向がある**のだそうだ。これは、過去を正当化し、未来を希望に満ちたものにしたいという人間の願望からきている。なので、キミが言ったようにぼやっとしたなかで細かい節約を繰り返すと、『これまで頑張って節約してきたから、今日はそのご褒美にちょっと高いコーヒーを飲むぞ！』というように、ムダに高いものを買ったり選んでしまう。つまり、頭のなかで計算している使った金額と、実際に手元に残る金額にどんどん開きが生じてしまうというわけだ」

そうか。ちゃんと欲求を抑えて、我慢しないとダメっすね。

「ハハハ。ただ我慢すりゃいいって話ではない。忍耐を強いるだけじゃストレスがたまってくばかりだ。5つの実験をとおして『**いい習慣をつくれる人の特徴**』について**調べた、2017年のシカゴ大学の論文**がある。ここでわかったのは、単に欲望に勝つのがうまい人は、じつは長期的な習慣づくりに失敗しがちである。そして、ゴール達成がほんとうにうまい人は、『別の目先の喜び』を生み出し続けている。つまり、**目標の達成率が高い人は、単に我慢強いのではなく、目先の喜びをほかに見つけなが**

ら前進しているのだ」

なんっすか。手近なところを削ってもダメ、単なる我慢も効果的じゃない。じゃ、いったいどうやって貯金を増やすことができるんですか？

「2017年、〝**金融心理学**〟[*43]のパイオニアとして知られる、ブラッド・クロンツ博士らがアメリカのクレイトン大学で行った実験がある。2つのグループをつくり、それぞれで貯金額がどのくらい変わるのかを調べた。結論からいうと、ひとつのグループは実験後、わずか3週間で貯金額が67％もアップ。平均的な年収の人がとり組むと、1年で112万円ほど貯めることが証明されたのだ。どうだ。希望が見えてきただろう？」

むむ、確かに。で、それはどういう方法ですか？

Work 6

「**ノスタルジー戦略**[*44]と言われている方法だ」

の、ノスタルジー？

「そうだ。懐かしい、郷愁に満ちたという意味だ。簡単に言うと、**自分の過去を懐かしめるもの**を用意する。子どものころに遊んでいたオモチャやぬいぐるみ、写真、卒業アルバム。こういうものに触れて、**感傷に浸ることが貯金をうながす**というのだ」

いやいやいや。それは怪しいっすよ。いくらなんでも。そんな簡単なことでいいんだったら、もっとたくさんの人が貯金できてますって。だって何もしないでただオモチャとか見てるだけなんでしょう？　貯金をするなら、アンタがさっき言ったみたいにお金の流れを把握するために勉強するとか、そのほうが効果的ですよ。

「それが、もうひとつのグループだ。アメリカの銀行キャピタル・ワンの支援を受けて、貯金の重要性や、複利のパワー、さまざまな貯金の戦略についてプレゼンテーションを受けた」

そっちのグループの結果はどうだったんですか？

「3週間で22％増加した。これもなかなか悪くはない。ただ、感傷的アイテムのチームは、貯金額がその約3倍だからな。これにはわたしもちょっと驚いている。しかも、どちらのグループも、貯金額の変移を調べることが目的の実験だとは明かされていない。つまり、意識せずに貯金という行動に出たのだ」

まぐれ、とかじゃないですか？　懐かしさや感傷に浸ることと、貯金をするっていうことがどう考えても結びつかないです。

「アメリカの5都市において実験を行ったのだが、どこも3週間後には総収入のかなり高い割合で貯金をしていたことを参加者が報告した。ボストンでは平均75%の増加、オースティン40%増、シアトル47%増、アトランタ137%増、ダラス115%増。この結果を見ると、偶然とは言えないな」

それってどういうことなんですか？　感傷が行動を変えるっていうこと？

「そうだ。まず、自分がこの写真やぬいぐるみになぜポジティブな感情を持つのかを考える。安心と安全が当たり前だと思っていた幼少期の記憶、楽しかった子ども時代、無条件に愛してくれた祖父母の存在。余計なことを心配しなくてもいい、包まれた感覚。懐かしいアイテムからポジティブな感情を引き出すこと。そのポジティブで感傷的な感情を、自分の価値観に結びつけていく」

たとえば？

「すでに家族がいたら、あの楽しかった時間を自分の家族にも与えたい。子どもたちが安心して成長できるような環境を築くことが自分には大事だ、など。独身だったら、いつか会う家族のために、また自分の親のため、自分の将来の価値を結びつけると効果的だ。次に視覚的な動機にする。写真にして壁やスマホの画面、スクリーンセーバーに貼りつける。最後に、銀行口座をつくり、そこに『2025ヨーロッパ家族旅行口座』などと名前をつけて記録し、毎月自動的にお金が振り替えられるようにしておくだけだ」

なるほど。やることは簡単ですね。

「つまり、クロンツらは、**懐かしいものへのポジティブで感傷的な愛着を利用して、貯金行動への感情的関与を高め、貯金の習慣を潜在的に改善できることを証明**したんだ」

ふう。なるほど。最初に聞いたときはかなり胡散臭かったけど、ちゃんとしたエビデンスがあるんですね。それもかなり効果的な数字です。

「**日記に感謝を毎日書くだけで自制心が高まり、目先の欲求に強くなる。**踏みとどまる力がつくという研究結果もある。**人間は目先の欲求をとるか、冷静に考えると明らかに得な未来の選択をとるか、日々迷っている**と言える。お金だとまだ冷静な判断ができる人もいるだろう。でも、そのひと口を食べなければ、何か月後かには腹筋が割れているかもしれないわけだ。でも、そこができない」

感謝、ですか。

「自分が今あるのは、この人（たち）のおかげだ。がっかりさせないようにしようと思うことで湧き上がる自制心。ムダ使いだけじゃない。毎日書くことで食べすぎる確率も減る。喫煙者は禁煙の成功率も上がる。裏づけはまだ研究途中だけれど、その効果はほぼ間違いない」

誰かに感謝している自分を想像すると、マイナスな感情は出てこないような気がします。たぶん。人のことも意識して見るようになるかもしれない。孤独にもならないから続けやすいし、今だけいいやってならなくなりそうです。

「最後に、**循環型思考**[*45]を教えよう。さまざまな研究から、人生は習慣の積み重ねででできていることがわかっている。毎日は同じことの繰り返しである。その考え方を〝循環型思考〟というのだが、この考えと貯金を結びつけたのが、2013年に行われたテキサス州ライス大学の研究だ」

人生は習慣の積み重ねって、まさにアンタに言われたことだ！

でも、毎日は、同じことの繰り返し……って、

ちょっとやるせないですね。

「グループは2つに分けられ、ひとつは2週間で貯金額を増やしてくださいと言われたグループ、もうひとつは、**毎日は同じ出来事の繰り返しであることを意識して生活したグループ。循環型のグループは、具体的な方法など何も言われていないのに、82％も貯金額が上がった**」

利那的に生きるようになるっていうことなんですかね。俺なんて、今日がダメでも明日があるさと思いながら生きているとこ、あるから。時間はなんとなく続いていくもの……というか。

「ただ、明日は今日があって、そこからつながっているものだからな。今日の繰り返しが明日。今日使っても明日我慢すればいいというのも、また明日になれば繰り返される」

そこがほんっと――に理解できれば、変わるのかもしれないです。そうか。明日やろう、という発想もなくなるかもしれないってことですね。

「金を貯めようと思うと、多くは目標があったほうがいいだろうと、最初に貯金の額を決めたがる。100万円貯めよう！　などだ。それよりも、繰り返し思考を見つけることが重要だ。貯金だけでなく、ダイエットでも2か月で6キロ痩せようと目標を立てるよりも、今日この食生活をすることが明日も繰り返されるのだと考えるほうが、痩せる確率が高かったという結果もある」

出費に関しても、食べたものに関しても、今日の積み重ねと言われてもよくわからないっすよねぇ。

「1週間、自分の消費を記録して次回持ってきてみろ。食べたものでもいい。使った金額でもいい。現実的な数字を見て、この1週間の消費がずっと続くんだということを、キミはしっかり認識したほうがいいようだな。気になる彼女への告白も興味があるし」

へーい。ちょっとやってみます。

俺はちょっとだけやる気に満ちて、公園をあとにした。

……それにしても、アイツ、金はありそうだけど、何で食ってるんだろう。どこに、誰と住んでるんだろう。友だちとかいるんだろうか。
やっぱりちょっと胡散臭くて信用できないよなぁ……。

まとめ

- モテない2大要素は、不潔なこと、怠け者であること
- 毎日は同じことの繰り返しであることを意識することが、成功の近道である

習慣化を促進させる イフゼン・プランニング

If(もし)とThen(そうしたら)、つまり〝Aの状況になったら、Bをする〟というように、タスクのタイミングをあらかじめ決めておくことによって、Bの行動を習慣化するというメソッドです。すでに習慣化されているAに、新しく身につけたいBを関連づけます。

Aの条件

① すでに身についていて、毎日やっていること

② いつも同じ時間に行っていること

③ いつも安定して同じ場所で行っていること

(例) カーテンを開ける、歯を磨く、お風呂に入るなど。

イフゼン・プランニング

If(もし)、 [A]

Then(そうしたら) [B] する

Work 6 貯金額が67%アップする ノスタルジー戦略

〝金融心理学〟のパイオニアとして知られるブラッド・クロンツ博士らがアメリカのクレイトン大学で行った実験で、わずか3週間で貯金額が67%アップしたという戦略です。懐かしいものへのポジティブで感傷的な愛着を利用して、貯金行動への感情的関与を高め、貯金の習慣を潜在的に改善させます。

ステップ1

自分の過去を懐かしめるものを用意する

（例）子どものころ遊んでいたオモチャやぬいぐるみ、写真、卒業アルバムなど。

ステップ2

なぜ懐かしく感じるのか、ポジティブな感情を持つのかを考える

（例）安心感に満ちていた幼少期の記憶、楽しかった子ども時代、無条件に愛してくれた祖父母の存在、余計なことを心配しなくてもいい包まれた感じなど。

ステップ3

「ステップ2」の感情を自分の価値観に結びつける

（例）あの楽しかった時間を自分の家族にも与えたい。いつか会う家族に与えたい。自分の親が安心して暮らせるようにしたいなど。

ステップ4

視覚的な動機にする

（例）ステップ3のイメージを写真や絵などにして壁やスマホの画面、スクリーンセーバーに貼りつける。

ステップ5

新たに銀行口座をつくり、自動的にお金が振り替えられるようにする

（例）ステップ3、ステップ4のイメージから具体的な目標を立て、その目標を銀行口座につけて記録する。『2025ヨーロッパ家族旅行口座』など。そして毎月自動的にお金が振り替えられるようにしておく。

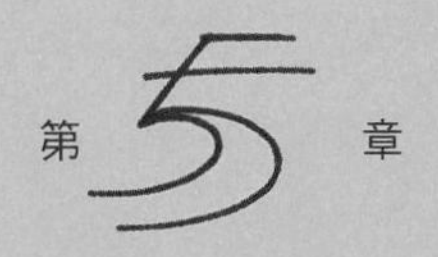

成長
新しい自分に生まれ変わる

やっとできた彼女の言動を疑う翔太
嘘を見抜くテクニック、
未練を断ち切るメンタルを伝授するD
ようやく前を向いた翔太が決意したこととは?
自分を認め、自分と一生つきあっていくための
モチベーションをつくる最終章

シーン11

未練を断ち切る

この日、俺はどうしてもDに会う必要があった。

どうしても……。

2日前のことだった。

珍しく早くに作業を終え、俺はめちゃくちゃいい気分で社内を歩いていた。ふんふんと鼻歌も出るくらい爽快で、もしかすると、頭の上に音符のマークが見えていた人もいたかもしれない。

自分が苦手意識を持っているレポートや報告書をつくる前は、Dから教えてもらった呼吸法を必ず行うようにしている。あれをやると不思議と目の前がスッキリして、集中できるような気がするのだ。

　もうすぐ終業時間だし、ナオを誘って映画でも行くかなぁと考えていた。あ、ナオは１か月前に告白してつきあい始めた、俺のか・の・じょ。一緒にプロジェクトを手伝ってくれたときにいいなぁと思って、少し前に勇気を振り絞って告白した。めちゃくちゃ美人というわけではないけど、俺的にはかなりかわいいと思っている。そんな彼女とつきあえるなんて、俺もまんざらじゃないよなと思う。

　さっき「仕事が早く終わりそうだから今夜、映画でも行かない？」ってＬＩＮＥしたんだけど、返事がない。そろそろ出られるし、直接聞きにいくかー。

　ホールに出ると、エレベーターは４階から上がっていくところだった。ちぇ。２階から３階に行くなら階段を使ったほうが全然早いな。

　階段を思いっきり駆け上がる。……と、人の話し声が聞こえてきた。

「仕方ないだろう。……今夜なら……と思うから」というとぎれとぎれの男性の声に、ちょっと甘えたような「えー。なんでぇ」という女性の声がかぶっている。

　あと３歩先には給湯室がある。声の近さから推測するに、どうやら給湯室の前で話しているっぽい。階段なんて使うやつは少ないから、気がゆるんでいるのかもしれないな。

おいおい、こんなところでデートの約束なんてしてんなよー。てか、俺もこれからデートだけどなっ。

心のなかで突っ込みを入れながらひょいっとフロアに顔を出す。

あ、あれ？　ナオ？？？？

なんでナオがいるんだよ。あれ？　新谷課長？？？

え？

頭のなかが真っ白になった。

＊

相手の嘘の見抜き方

「それで何も聞かず、話さず、そのまま帰宅して、今朝まで36時間以上、家から一歩も出なかったというのか。昨日の土曜はせっかくの晴天だったのに。もったいない」

Dはそう言うと、呆れたように溜息をついた。

え？　だって何が聞けます？　新谷課長は結婚してるし、小さい子どもだってている。そんなことを知りながら、２人を目の前にして、あの場で、アンタだったらなんか聞けること、ありますか？

「うーん。まぁ普通に、『今チラッと聞こえてしまったのだけど、今夜おふたりで何か約束でもあるんですか？』って聞くかな。だって、自分の予定がどうなるかわからないと、映画の席も予約できないからな」

は？　映画なんてもうどーでもいいですよ。明らかに不倫してる２人が目の前にいて、それ以上何を聞くっていうんですか。

「不倫していると、本人たちが言ったのか？」

そんなこと、言うわけないでしょう？　でも、わかりますよね、ふつー。新谷課長は、ナオとはなんの関係もない部署の課長です。俺のプロジェクトでは、アドバイザーとしていろいろ指南してくれたけど。……あーっ！　あれがきっかけでできちゃったのか！　まじか……。会社の、それも人目につきにくいところで夜に会えるとかなんとかって話をしてるって、やっぱおかしいでしょ。

「だから〝不倫〟だと言うのか？」

……はい。

「男が『仕方がないだろう。……今夜なら……と思うから』と言っているのが聞こえたと言ったな。もしも『仕方がないだろう。好きなテレビ番組が今夜ならちゃんと録画できると思うから』だったら不倫なのか？」

俺のこと、バカにしてるんですか？　テレビの話なんてしてないに決まってるじゃないですか。そんなことくらい俺にだってわかります。

「あのな。決めつけているのはどちらなのかわからないということを、わたしは言っているんだ。本人に確認もしていないんだろう？」

あとでＬＩＮＥがきました。

「そこにはなんと？」

【映画の件、返事してなくてごめんなさい。あと、さっき、誤解しちゃったみたいだけど、怒ってる？】って。

「で、なんと返したんだ」

べつに……って。

「きちんと会話をしろよ。小学生じゃあるまいし」

はぁ……。そしたら彼女からまた返事がきました。【それって怒ってるってことだよね】って。

「ふっ。読まれてるな」

Dはいつものように俺のことを鼻で笑った。

俺はスマホを出して、彼女から来たメッセージを読み上げた。

【じつは、新谷課長には転職のことで相談に乗ってもらっていて。翔くんには言ってなかったよね。ごめんね。わたしが働きたいと思っている会社の人事部に、新谷課長の親しい先輩がいてね。近いうちにその先輩と会うから一緒に来ないかって言われてたの。それが今日だったんだ。翔くんに誘われる前だったから行くつもりにしてたんだけど……新谷課長から急にキャンセルされて。ちょっと納得できなくて、どうしてですか？　って聞いてたときに翔くんが来たの】

Dは腕組みをしながら聞いていたが、ここで眉を少しだけしかめた。

で、最後に【翔くんには誤解されたくないので、ちゃんと会って話したいです。会えませんか？】って書いてあります。

「で、どうするんだ？　返事をしたのか」

いや。スルーしたままです。

「そうか……。で、キミはどうしたいんだ？」

それがわかってたら、ここに相談になんて来ませんよ。

「まずは、キミ自身がどうしたいかを決めることだ。残念ながら、わたしにもほかの誰にも、キミがどうしたいのかは決められない。不倫か否かを確かめるのか、それとも知らないままにするのか。知らないままにするなら、彼女との交際を続けるのか、続けないのか」

正直、ほんとにわからないっす。彼女は転職の相談に乗ってもらっていただけだって言ってるし、俺もそれは信じたい。けど……どこか信じられなくて。

「キミが〝どこか信じられない〟と思うのは、彼女のメッセージから感じとったものかもしれない。長いメッセージが**説得行動**[*46]に思えた、のか」

説得……行動？

「あぁ。**相手を説得しなければならない、信じさせなければならないという気持ちが働くために、いつもより話が長くなる、より細かい内容を伝えようとする**行動のことだ。たとえば、普段であれば『昨日は仕事で飲みに行ったよ』ぐらいしか話さない人が、『昨日は後輩の○○と一緒に先輩の○○に誘われて、新橋の××っていうお店に行ってさ。△時まで飲んでたよ』というような具合だ」

「これは……」と、Dは少し言いよどんで、こう続けた。

「嘘をついている人の特徴的な行動だ」

……う、嘘!?　ほ……ほかにも何かわかりやすい特徴ってありますか？

＊嘘をつく人に共通する行動

「2016年のアリゾナ大学の研究で、大企業のCEOらが会社の決算報告をしているスピーチを数千件ピックアップし、スピーチの内容と実際の業績を照らし合わせて、嘘や誇張がどれぐらいあるのかを分析したものがある。その結果、よく言われるような、**顔を触る、視線をそらす、そわそわしていて落ち着きがないなど、嘘をついていると思われがちな仕草は、実際は嘘を見抜くポイントとしてはほとんど役に立たなかった**」

え！　そうなんですか？

「実際は、違うところに特徴が表れていた。さっきわたしが言ったように、**人間が嘘をつくとき、説得行動と回避行動が増える**[*47]ことがわかったのだ」

説得と回避……。それが嘘をついているときの特徴……。

「そうだ。つまり、話し方とか仕草ではなく、話している内容に注目することだ。目を閉じて耳からの情報だけに注目したほうが、嘘は見抜きやすい」

つまり、どういうことなんだろう。嘘がバレるのが怖いから、一生懸命相手を納得させるために内容を詳しく伝えて、ほんとうっぽくしようとするっていうことかな。

「そうだな。時系列を追って説明する傾向もあると、わたしは感じている。『昨日は後輩と飲みにいったよ』で終わる話なのに、『昨日は、仕事終わりにたまには飲みにいきましょうって後輩に誘われて、でもあまり高い店はどうかなあと思って、駅の近くのわりと安く飲める居酒屋に行ったらさ、あいつらめちゃくちゃ飲むから、最初はビールだったのが焼酎のボトルをあけ始めちゃってまいったよ』というように、**時系列を追って長々と説明する**ようになる」

でも、それってもしかしたらほんとうかもしれないですよね。めちゃくちゃ楽しいことがあったときとか、変なことが起きたとき、俺もすごく詳しく説明すること、あると思う。

「確かにほんとうのことを言っていることもあるだろう。ただ、**嘘をついている人は、最後まで話を終えて、自分のやるべきことは終わった！　と思うと、リラックスして自分がしたつくり話を忘れてしまう**ものだ。なので、今言ったことは嘘だろう？　と問い詰めるよりも、楽しそうな表情を浮かべながら『それで？　それで？』と、相手にどんどん話をさせたほうがいい。**嘘かどうかを確認するためには、情報をより多く引き出したほうが見抜きやすくなる。**相手が話し終わって安心しきったところで、時系列をさかのぼって細かく質問をするのだ。『同期と2人で飲みにいくなんて久しぶりじゃない？』と、引っかけの質問をするのもいいかもしれない。そこで『同期じゃないよ、後輩』、あるいは『2人じゃなくて、全部で4人』というように、前言と一致した内容が返ってくるかどうか。つくった話の場合は、当然どこかで矛盾が出てくるだろう」

なるほど……。でも、ナオの場合は、メッセージで来たのでいつでも自分が何を言ったのか文面で確認ができる。だから、見極めは難しいですよね。

「メッセージでも見極めのできるポイントはあるが、彼女から来た文章だけじゃ短すぎて判断が難しいな。当然のことだが、ほとんどの人は、真っ赤な嘘やつくり話は言わないものだ。**バックグラウンドのないつくり話はかなりつくるのが難しく、ほんとうのことのなかに嘘を混ぜたほうがボロが出にくい。**たとえば、後輩と一緒に居酒屋に行ったという話なら、仮に浮気していたとしても、〝浮気相手とフレンチに行った〟ことを〝後輩と初めての居酒屋に行った〟ことにはなかなかしない。フレンチに行ってもおかしくない相手と行ったと嘘をつくか、突っ込まれてもオタオタしないように行きつけの店を選んで、後輩と行ったことにするか。いずれにしても、自分が嘘をつくとしたらどのような点で嘘をつくのだろうかを考えると、人が嘘をつきやすいポイントも見えてくる」

俺はちょっと言葉が出なかった。

ナオが嘘を言っているのか、ほんとうのことを言っているのか、どんなに考えてもわからない。もしかすると、ほんとうのことを言ってるんだと信じたい気持ちが強すぎるから、ほんとうのことが見えてこないんじゃないかと思ったりもするくらいだ。

今のメッセージだけじゃ、ほんとうのところはわからないっすよね……。

「そうだなぁ。あえて言えば、『じつは』とか『正直に言うと……』『驚くかもしれないけど』などの**前置きが増えるという特徴もある**ようだ。前置きを増やすことで、自分自身を落ち着かせることができたり、頭のなかでストーリーを考える時間がつくれる。もちろん、普段から前置きの多い人もいるので、前置きの頻度や長さが普段に比べてどうなのかということに注目するといいだろう」

俺は、スマホのなかのメッセージの冒頭、「じつは……」の3文字を凝視していた。彼女から今まで一度も「じつは」といった前置きらしいことを言われた記憶がない。面と向かったときも、メッセージでも。

スマホを握る手に、知らず知らず力が入る。

「もうひとつのポイントは、『すごく楽しい』『すごく興奮した』、『めちゃめちゃ面白くって』と、ポジティブな単語が増えるという傾向もある」

それだって、ほんとうにポジティブな体験をしてるのかもしれないし……。

いつもだったら、もっと大声で突っ込んでいることも、力が入らない。なんだったらちょっと泣きそうだ、俺。

「**嘘をつくとき、人間はポジティブな感情を表す言葉を使って、自分の嘘をマスキン**

グしようとする傾向があると言われている。ネガティブな言葉や相手に突っ込まれる言葉を使いたくないので、楽しい言葉やポジティブな言葉を使い、勢いで乗り切ろうとするからだ」

　そうなんすか……。

　俺は頭のなかで、彼女との会話をひとつずつ思い出していた。彼女はいつもすごくポジティブな言葉で返事をくれた。イベントのあとは「一緒に仕事ができてすっごく楽しかったです」とか。打ち上げの話題になると「めちゃくちゃ楽しみにしていいます！」というふうに。

　……あれも……嘘だったんすかね？

「いや。それはわからない。キミに対して最初から好意を抱いていたのかもしれない。だから、自然に前向きな言葉が多くなったり、キミに好かれようとしていたとも言える。これだけをとって、やっぱり嘘だったと決めつけるのは早計だろうな」

＊嘘をつく人の言葉づかい

悪夢のような週末が明けた。いや、明けたからといって悪夢が消えたわけじゃない。ナオにはまだ返事をしていない。

会うかどうか、会いたいかどうかもわからない。

幸い、俺と彼女の部署は違う階にあるので、顔を合わせずにすむっちゃすむ。……でも、この状態をずっと避けてるわけにはいかないよなぁ……。

食欲もないので、昼休みは外にぶらーっと出かけて、ウロウロ歩いて時間をつぶした。

社に戻り、エレベーターを待っていると、そこに現れたのが新谷課長だった。

「よお！」

……お疲れさまっす。昼飯の帰りですか？

「うんうん。そういえばさ、なんか先週、お前、俺の顔見て、血相変えて下に降りていっただろう？　どうしたのかなと思ってさ。何かあったか？」

いえ……。

「もしかして鈴木、あの彼女とつきあってるのか?」

〝あの彼女〟って……。戸川さんのことですか?

「そうそう。いや、あの子からちょっと相談を受けてさ。あんまり大きな声じゃ言えないけど、転職したいっていう話だったのかな。で、僕の知り合いがいる会社で席が空きそうだったから、機会があったら先方に紹介しましょうか? って伝えておいたんだよね。この間は確か、その日程について話してたんじゃなかったかな」

そう……なんですか。いや、べつに俺に説明しなくてもいいです。

俺の頭のなかでは、Dの言葉がグルグルと駆け巡っていた。頼むよ……。新谷課長、それ以上、しゃべらないでくれ。

「**嘘をついている人のさらなる特徴は、責任回避行動だ**」

あの日、俺の気持ちを知ってか知らずか、Dは淡々と話し続けていた。

「ポイントは3つ。『**……かもしれない**』『**だったと思う**』**というあいまいな表現が増える**。そもそも人間には、思ったことを思ったように言いたいという欲求があって、できれば嘘などつきたくない。だから、嘘をつく状況をできるだけ回避しようとするはずだ。それが言い切りを避け、あいまいな言葉を選ぶ原因だ。普段は物事をはっきり言う人ほど、言葉づかいの違いがわかりやすく表れるだろう。

次に、**『わたしは』『俺が』という一人称が少なくなり、小説のように俯瞰で見ているような描写をする**ようになる。一歩引いたような表現ばかりを使うので、なんか変だな？　と感じることがあるかもしれない。**嘘かどうかを見抜くには、話の途中で、その人がそのときどう思ったのか質問をしてみるといい。**あわてて考えたような一歩引いた意見を言い始めるか、その場にいたときに感じたほんとうのことを言うか。ほかにも、距離をおきたい気持ちから、対象を「あいつ」「あの人」「あの会社」というように**関係が近しく感じられない言葉づかいが増える**のも特徴と言える」

＊

別れを受け入れる

数日後、俺はまた公園に足を運んだ。Ｄはいなかった。

話す相手もいなく、うつうつとした表情を浮かべてベンチにボーッと座っていると、ちょっと驚いた顔をしてDが足早に近寄ってきた。

「早いな。どうした？」

いや……べつに。

「べつに……か（笑）。いつもと同じ挨拶ができるってことは、精神まではイカレてないようだな。で、彼女と話はしたのか」

はい。話しましたよ。

「それでもまだその表情か。残念ながら、人が嘘をついているかいないかを完全に見抜くのは難しいぞ。人は嘘をどのくらい見抜けるか？　という実験結果を見ても、特殊な訓練でも経験していない限り、54％ぐらいの確率でしか見抜くことはできないらしい」

え、たったそれだけですか？

「特殊な知識を持っている心理学者や、要人警護などの経験を持つシークレットサービスたちは70％以上の確率で見抜くことができたというデータもあるが、一般的には**コインを投げて裏表を当てるような、偶然と同じ確率程度にしか嘘を見抜くことができない**のだそうだ。ということは、もし嘘だったら……というところから決断をしたほうがいいかもしれないな。わたしたちは日常的に細かい嘘をつく動物で、すべてを見抜いて暴こうとしたら人間不信になるだけだ」

彼女は、もちろん新谷課長とはなんの関係もないって言ってました。でも、俺に信じてもらえないなら、もう一緒にはいられないって。俺、その場で即答できなくて。そしたら、ナオはそのまま店を出ていきました。

でも……新谷課長と会社でチラッと話したときに、あーこの人、嘘ついてるなぁってなんか感じちゃったんですよね。俺、彼女のこととってもも好きだし、まだつきあい始めて間もないし。だから、もう少しちゃんと向き合って、別れるにしても自分の気持ちがちゃんと完全燃焼してから決めたいなとは思ってる……。

「そうか。それもいいだろう。ただ、人間というのは、**失いゆくものに対して価値を感じてしまう生きもの**だということも覚えておくといい。キミが今、失いかけている、もしくはすでに失ってしまったものの価値は、〝失いかけている〟あるいは〝失った〟ことによって底上げされている可能性があるということだ」

つまり……俺が彼女にまだ未練があるのは、自分からキッパリ別れたわけじゃなく、結局、彼女が俺を見捨てたから……って言いたいわけですか？

「わたしはいわゆる〝運命の人〟などというものは信じていない。もしそういう縁が存在するとしたら、自分の最期に横にいる人がそうなのだろうと考えるくらいなのでなんとも言えないが、わたしが今ここで断言できるとしたら、彼女を失っても絶対にまた違うすばらしい人との新しい出会いがある、ということだ。その機会を犠牲にしてまで、とどまろうとする理由はどこにあるのだろう？　と、自分に問いかけてみてほしい。完全燃焼ってどういう意味だ？　もちろん別れは誰にとってもツラいものだ。一度は好きになった相手だから、気持ちが残っていて当然だし、相手を嫌いになることはこの先もないかもしれない。ただ、気持ちが残っているからつきあいを継続しよう……というのはまた別の話だ。**スパッと気持ちよく別れられることなど、ないと思ったほうがいい。**ツラいし悲しいし、未練が残ったり悔しかったりもするだろう。その感情は時間をかけて少しずつなくなっていくもので、その感情を受け入れる必要があるんだ。**別れはツラい。だが、それを受け入れずに抗うから、もっとツラいんだ**」

　そうは言うけど……今のままだと踏ん切りがつかなくて。もういいかと思えるまで好きでいたいんですよ。

「好きにしろ。キミの人生だ。ただ、もういいと思える日なんて来ないぞ。まず、キミ自身が別れを受け入れること。キミが別れを受け入れたら、そのとき初めて『もういい』という感情が出てくるだろう」

最後の言葉が妙に腑に落ちた。と、同時に、そこまで断言するDにもムカついていた。

俺、ムカついている自分がイヤです。せっかくうまくいってたのにとか、気持ちをゆっくりはぐくんでいこうと思っていたのに、とか。なんで俺の目の前でやるんだよとか。いろいろ考えると、ムカついてくるんっすよ。この感情、どうしたらいいのかな。もうわかんねーよ。

「自分が誰かを好きだということと、相手が同じ気持ちを返してくれることとは、まったくの別ものだ。相手も自分の気持ちに応えなければいけない、自分がこれだけしたのだから返してほしい、というのは損得勘定。ギブ・アンド・テイクの関係になってしまい、それを恋愛とは呼ばないんだ。自分が誰かを好きなのは、自分の勝手。相手が自分のことを好きになるかどうか、好きでいるかどうかは相手の勝手だ」

俺が彼女を好きになったのは、自分の勝手。

……彼女が俺を好きでいるかどうかは、彼女の勝手……。

「結婚が長続きする、あるいは結婚で幸せになるための大事なポイントがあると言われている。それは、相手が自分のことを幸せにしてくれると思わないこと。**自分を幸せにするのは、自分自身。そして、相手の人を幸せにするのもまた相手自身**だ。相手が幸せにしてくれるだろうと信じ込むと、かえって不幸になる。キミの場合は、まず自分の気持ちを彼女に伝えられたことはすばらしい。おめでとう。そして、このことが原因で臆病にさえならなければ、近い将来、キミの気持ちを受け止めてくれる人がまた現れるだろう」

まとめ

- 相手に話させれば話させるほど、嘘は見抜きやすくなる
- 自分を幸せにするのは自分自身、相手を幸せにするのは相手自身

シーン12

誰だってヒーロー

話を聞きながら、強く思っていたことがあった。俺はその決意を口にするため、立ち上がって、思いっきり伸びをした。

俺、仕事に生きようっと。しばらく恋愛なんていいや。彼女のことを考えないようにするために、ひたすら働きます。

「ハハハ。その意気もいいけれど、早く好きな人でも見つけることだな。何かを考えないようにするのは難しい。それなら、ほかに考えることを見つけるのが早道だ。まぁその〝考えること〟が仕事でもいいのだが、部屋にいる**ピンクのゾウ**[*48]のことを考えないようにしてくださいと言われると、人はピンクのゾウのこと以外考えられなくなるものだ」

ピンクのゾウ……!? ピンク？

「ほら。早くも考えているだろう？　ピンクのゾウのことを（笑）」

……はい（笑）。今、俺、会社でも後輩ができて、仕事、頑張りどきなんです。自分が中心になってチームを盛り上げるために、自分のモチベーションもだけど、仲間や後輩たちのモチベーションも上げないといけないんっす。

「モチベーションか。どうやったら自分や他人のモチベーションを上げられると思う？」

うーん……ワクワクすることを仕事に結びつける！

「なるほど。誰かのモチベーションを上げるには、そもそも人間のモチベーションが何によって決まるのかを知っておく必要がある。『やる気というのはこうすれば出る！』とか『ポジティブに考えろ！』などと、やる気自体をダイレクトに目指す人たちもいるが、やる気は目指したから出せるものではない。いつの間にか湧いてくる、というのが実際の体験じゃないだろうか？　あるときはやる気がすごくあるけど、あるときはまったくないというように」

はい。だから困ってるんすよ。チームで動いているなかで、そのあたりにすごくバラつきが出てきている。それがチームの士気に影響するんで。

「とはいえ、やる気が出るまでジッと待っているわけにはいかないだろう？　ここで教えるのは、**ある法則に基づいて、自分自身や同僚、後輩たちをうまく導く〝コーチング〟という手法**だ」[*49]

コーチングですか……。

「コーチングとは、質問によって相手に気づきを与えるプロセスをいう。**的確な質問を投げかけることで、相手や自分自身から答えを引き出していく**のだ。たとえば、『俺は絶対に目標を達成できるぞ！』『頑張るぞ！』といった、まじない的な言葉を唱えるのではない。もっと現実的な『自分（あるいはあなた）はこの目標を達成できるのか？』、あるいは、『こういう状況になって怠けてしまったとき、自分（あるいはあなた）はどうやってとり戻すのか？』という具合だ。自分に上手に質問できる人は、自分自身だけでなく、同僚や後輩も上手に動かすことができる」

ふむ。まずは、自分を上手に動かすことですね。それができたら、今までよりずっと効率が上がりそうです。ある法則に基づいて……というのは、具体的には？

「**人間のモチベーションを左右する４つの欲望**がある」

欲望ですか。それもたった４つ？

「そうだ。人間は欲望の生きものなので、欲望からモチベーションがどんどん湧き上がってくる。ただ、ひと口にモチベーションといっても、人それぞれ、内容にはバラつきがあるだろう。でも、この４つの概念が満たされれば、バラつきの６割をコントロールできると言われている。**仕事でも、４つの欲望の要素を見つけ出し、そのすべてを満たすことができたら、かなりの成績が期待できる。**たとえば……キミがいちばんモチベーションが上がるのはどんなことだ？」

それはね、即答できますよ。自分のベッドに最愛の人が寝ているのを見たとき！

……あ。失恋したばかりの俺にはちょっとキツイ質問だけど、でも、男としてはやっぱそこですね。ただ寝てるだけでもいいけど、俺のパジャマなんて着てたら超アガります！　きわどいビキニとかもいいけど……裸にエプロンとか。へへへ。やっぱ、これを超えるモチベーションなんか、ほかにはないっすよ。

「じゃ、それが人生や仕事につくれたら無敵だな。これは２００８年のハーバードビジネススクールの研究だ。大手金融サービス、ＩＴサービスの企業に勤める３８５

人、フォーチュン500の企業から300人の社員をピックアップし、仕事へのエンゲージメント、コミットメント、満足度、離職意思を調査。どういった欲望が仕事をするモチベーションと連動しているのかを、調べて導き出したものだ」

え。仕事へのモチベーションか。俺、普通の欲望を言っちゃいました。

「いや、いいんだ。この研究は、仕事に対するモチベーションと一般的な欲望の関係を調べたのが面白いところだ。**最初の欲望は、獲得への欲望**だ」

獲得への欲望？

「そうだ。社会的地位など形のないものも含め、希少価値が高いもの、珍しいもの、他人が持っていない自由度、価値ある仕事などを獲得することへの欲望を満たすこと」

なるほど。レアな何かを獲得したい！ ってことですね。

「そうだな。絶対的欲望ではなく、相対的な欲望だ。つまり、他人との比較のなかで決まってくる。自分に問いかける質問は、たとえば『今やっていること、やろうと思っていることをやることによって、自分は何を獲得できるのか？』『どんなレアなことを獲得するために、今頑張っているのか？』。基本とも言えるこの部分を考えることが、とても重要だ。もちろん、自分に質問するだけでなく、機会を設けて、チームの仲間や後輩にもヒアリングするといい」

わかりました。自分の仕事をすることで、何が獲得できるのかなんて考えたこともなかった。なるほど！

「**次は、絆への欲望**だ。絆とは、個人や集団との結びつきを形づくるものだ。家族、仲間、所属する組織や会社、国、社会、地球。自分がどういう個人とつながっているのか、どういう集団との結びつきを求めてこの行動をとるのか」

あ。絆への欲望は、わかりやすいですね。

「たとえば、成功者のコミュニティに入って交流したいという欲望もあるだろう。若い世代が起業したい理由は、起業している人と対等に話せるようになりたいからだぞうだ。誰の仲間になりたいのか。誰とつながりを持ちたいと思っているのか」

なるほど。俺も成功してる人たちと対等に話せるようになりたいです。

「**続いて、理解への欲望**だ。好奇心を満たす、または自分のまわりの世界を知りたい、知ることの欲望。答えを見つけ出そうとしたり、自分が何かを試した結果、どんなことが起こるのかを知りたい。自分の成長を実感したときに、もっともモチベーションが高まる。これが理解への欲望だ」

知ることへの欲望ねぇ。今あげてる欲望って、人によって度合いが違いますよね。俺はそんなにこれ、高くないかもしれないなーって思ったんで。

「難しく考えなくていい。たとえば、読んでいる本がなかなか前に進めないとき、これは理解への欲望がうまく満たされていないと言える。本を読む前にするおすすめは、この本から学びたいことはなんなのかを付箋などに書き出してから読み始めること。この本を読んだら何を知ることができるのか。自分の生活はどう変わるだろう。読み終えるころには、どんな言葉が理解できるようになっているのか。などと考えることだ。欲望なので、答えが出なくてもいい。仕事をするときも同様だ。とっとと終わらせよう！　ではなく、この仕事を終えたら、俺自身はどう成長できるのか。どんな知識が得られるのかを考えるといい」

ほぉー。学習だけじゃなくってことか。この仕事を終えたら、自分にどんな知識がつくのかとか、何を知ることができるのかなんて、今まで一度も考えたことがないっす。それって、事前にやることじゃなく、やってから「そういえば……」って感じることだと思ってました。でも、事前にやっておくと、それがモチベーションになるんですね。

「事実、そのことを知っただけでもキミは少しワクワクしているだろう？　声のトーンが上がり、姿勢がやや前のめりになっている。理解、知ることへの欲求は人間がすでに持ち合わせていて、だからこそ進化してきた重要な要素なんだよ」

さすがですね。いつも思うけど、すんごい知識の量ですよね。いったいどれくらいの本とか資料を読んでるんですか？

「キミの年収くらい、もしかするとそれ以上を資料に費やしているかもしれない」

……ま・じ・ですかっ。すごっ。

「ハハハ。続けるぞ。**最後の欲望は、防御への欲望**だ。外部の脅威から自分を守ることと、正義を広めること、生活や仲間を守りたいという欲望を指す。防御の対象は、自分自身、仲間、家族、財産……」

俺、財産なんてないっすよ。

「そんなことはわかっているよ。これは浪費を防ぐという行為を含んでいる。あとは生活、業績、自分のビジョン、未来、自由、信念、時間、安全、信念、すべて含まれる。この仕事をすることで、自分や自分の大切なものを何から守れるだろう、と考えるわけだ。このモチベーションが自分のなかで明確だと、仕事をスムーズに終えられるようになる。夜更かしせず、決まった時間に就寝できるようにもなる」

獲得、絆、理解、防御ですね。これがすべて満たされたことを探せばモチベーションが高まる……ということか。

「そうだ。この4つは、人間の脳に生まれつき備わっている欲望だ。別の言い方をすると、〝この欲望を満たしてきた人間〟が生き残ったのだ。まずは、今の仕事でどうやったらこの4つが満たせるのかを考えること。それが見えてくると、チームでの仕事も、個人の仕事もめちゃくちゃはかどるようになるだろう」

あざっす！

そう言って、ちょっとおどけて俺は敬礼をして見せた。

＊

Work 9 目標を叶えるGOODモデル

「ついでだから、もうひとつ。ポジティブ心理学の知識や知見をもとにして、クライアントのモチベーションを高める方法として、**ジェフリー・E・ハウエルバッハ博士が提唱する『GOODモデル』**[*50]も教えよう。このモデルに従ってコーチングを行った場合、クライアントのモチベーションは、20〜60%ほど高まったという結果が出ている。
GOODのGはゴールだ。とり組むべきもっとも重要な目標を定義すること。以下の質問に答えることによって、ゴールが明確になる」

①あなたが集中したい目標はなんですか？
②その目標を達成すると、どんな結果が得られますか？
③なぜ、この目標はあなたにとって大事なのですか？
④この目標は、あなたの価値観、ビジョンと一致していますか？
⑤もし希望どおりの結果が得られたら、どんな気分や感情になると思いますか？
⑥人生をよりよくするために、どんな変化を起こしたいですか？

「わたしたちは、結果だけに着目しがちだ。英語が話せるようになる、年収2000万を超えたいなど。もちろん結果は重要だし、そこを目標に行動するのだが、そもそもその目標がなぜ大事なのか？　を自分自身がわかっていることが非常に重要だ。年収2000万をゴールにするのはなぜか？　1000万じゃなく、2000万稼がなければいけない理由は何か？　そう聞かれたら、キミならなんと答える？」

いや。正直どっちでもいいです。

「おそらく年収2000万が目標などと言っているなかでも、答えられるやつはほとんどいないだろう。その差額の1000万は何に必要なのか？　その1000万の違いを乗り越えられる強いモチベーションをつくる理由がどこにあるのか？　つまり、このゴールを達成できるだけのモチベーションを維持できるか否かが、すごく大切だということだ」

なるほど……。1000万だと意外とすぐなくなりそうだけど、2000万あったらお金の心配はしなくて暮らせそうじゃないですか。

「お金の心配はしなくて暮らせそうじゃないですか、というそのフワッとしたモチベーションは、1年365日で2000万円を稼ぎ出すための、とてつもない努力や多くの障害をすべて乗り越えるのに、果たして十分なのか？」

あぁ……。

「だから、このコーチングでは質問をしまくる。**目標を達成するために、自分が乗り越えられる、または乗り越えなくてはいけない意味が明確かどうか**を確認する。何度も質問するんだ。でないと超えられない。明確さは力だ。**自分の感情やモチベーションを引っ張り出して、『このために自分はやっているんだ！』と言えることが重要**なんだ。お金自体はモチベーションにならないぞ」

なぜその金額が欲しいのか？　なんて、明確に答えられる人は真剣さが違いますよね。そこまでできたら、ほんとに叶えられそうだなぁ。

「**GOODの最初のOはオプション**、つまり選択肢だ。ゴールに向かって進むために使えそうなオプションやステップを調べる。自分が目標を突破するための知識、武器、道具を手に入れる。そのための質問はこれだ」

① その目標を達成するための、具体的な方法はなんですか？
② 過去に似たようなことを成し遂げたことはありますか？
③ そのような目標に対して、ほかの人はどのようにとり組んでいると思いますか？
④ 目標達成のために、あなたはどんな行動をとることができますか？　今、始められることはなんですか？
⑤ もしあなたがその行動をとらなかったら、どのような影響がありますか？

「①の目標達成までの具体的な方法は、徐々に明確にしていってもいい。②の『過去に似たようなことを成し遂げたことがあるか？』という質問だが、これは過去の似たような経験をあぶり出していくものだ。たとえば、最初は到底ムリだと思ったことをこうして達成した、あるいは給料は上がらないとあきらめていたが、思い切って転職したら100万ほど上がったなど、過去の経験をとおして、今に役立つ具体的な方法に気づかせてくれる質問だ。目標があるときというのは、必ず成功する方法を！　と考えがちだが、最初からうまくいく方法なんて知っているわけがない。具体的にどこから手をつければいいのか、まずはその方法を知ることだ」

なるほど。これ、全部自分で考えていくんですよね。けっこう時間がかかりそう……っていうか、頭のなかだけじゃなくちゃんとしたワークシートとかに書き出したほうがあとあと確認できそうだな。

「そうだ。人間の記憶なんてもっとも頼りにならないからな。そして、書き出すならこの順番で進めるといい。最初に自分の目標を意識し、そのあとに自分の過去のやり方、他人のやり方を考えていく。他人のやり方と比較することで、自分のやり方の非効率的さが見える。他人のやり方の足りないところが見える。どんどん具体的なことが見えてくるはずだ。この作業によってオリジナリティのある、自分の目標にカスタマイズされたオプションになる」

わかりました。オプションにはあと2項目、ありますよね。

「うむ。④は、目標達成のためにとる行動について明らかにする質問だ。そして、今できることを洗い出す。副業を頑張って、準備金を貯めよう。PRの練習としてキャッチコピーをつくり始めてみようなど。そして⑤は、その行動をとらなかった場合の影響について見ていく。④で決めたものの、その行動を実際にとる人は非常に少ない」

え。そうなんですか？

「人間、というものはそうなんだろうな。なので、行動しなかったら『一生残念な暮らしをしなくてはいけない』など、当然起こるであろう結果に直面し、行動を止めないための質問だ」

＊何が障害になるか、誰が味方になってくれるか

「**GOODの2つめのOはオブスタクル**、障害物という意味だ。進行の妨げとなる可能性のある障害物を、あらかじめ考えておくための質問だな。現在邪魔になっているもの、もしくはこの先邪魔になりそうな事柄（環境や人間関係も含む）、そして外からやってくる可能性のある課題、内側からやってくる可能性のあるもの。物質、外的、内的の3つに分けて考えましょうというわけだ」

①目標達成のために、邪魔になりそうなものはなんですか？
②どのような外的な課題が問題になる可能性がありますか？
③どのような内的な課題が問題になる可能性がありますか？
④問題が起きた際、誰からのサポートが受けられますか？

①の邪魔になりそうなものや事柄というと……スマホのゲームとかも含まれます

か？　あとは、頑張る俺の足を引っ張る悪友……とか？

「ゲームはそうだな。だが、悪友は②の外的課題に入るだろう。ほかには、しがらみのある会社の人間関係、親からの否定的な意見。内的な課題は、自分自身の怠け心、あとはキミが大好きな自己嫌悪やコンプレックス、不安、悩み、自己憐憫だな（笑）」

ひ、ひどいっすね。

「そうか？　でも、事実だろう？（笑）そして、オブスタクルのなかでも重要なのが、④の項目だ。問題が起きたときに誰からのサポートが受けられるか。サポートしてくれる人がいることは、一見すると他力本願のように聞こえるがそうではない。**自分しか頼れる者がいないというのは強そうだが、現実はアソビのないゴムのように非常にもろい。**どうにもならなくなると投げ捨てる、現実逃避してしまうことが起きる。一方、いざというときには助けてくれる人がいるとわかっていると、ギリギリまで頑張ろう！　と、逆に簡単に投げ出さなくなる。この問題が起きたらこの人に頼れる、この人に相談できる。そう思うから頑張れる。強くなれるのはサポーターがいてくれるおかげだ。だから、誰に助けを求めるか、誰が自分を助けてくれるのかを具体化しておくことが大事なんだ」

支えてくれる人がいるから、投げ出さずに逆に頑張れる……か。俺は何もできないくせに、人に頼ったり、ＳＯＳを出したりするのが得意じゃないんですよね。だから、自分が窮地に陥ったときに誰が助けてくれるのか、正直わからないっす。もっと人とかかわらないとダメ、ですね。

「そう悲観的になるな。まだ若いのだから、人間関係は今からでもつくれるさ。では、**最後のDだ。DO、実行する**ための質問になる。どんな行動をとるのか、それをいつまでにやるのか。これは自分だけでなく、コミットメントを共有している同僚や後輩にも聞くといい。やることがより明確になるはずだ」

①目標達成のために、どんな戦略を採用しますか？
②具体的にいつ、どのようなことをする予定ですか？
③進捗状況をどうやって把握できますか？
④もっとも早くとれるアクションはなんですか？　またそれをいつ実行できますか？
⑤そのアクションはどれくらい時間がかかりますか？　そして、いつ達成できますか？

俺はやや憤慨していた。なぜなら、もっと早く知りたかった情報が今になって、目の前に差し出されたからだ。

ねぇ。このモデル、俺がプロジェクトやってる最中になんで教えてくれなかったんですか。やってる振りをしているけどじつはやってない人に、どーやったら行動してもらえるのか、俺、すっごく悩んでいたんですよね。でも、これなら聞きたいことが明確に聞けます。

「あぁ、そうだったな。すまん。とくに、③の『進捗状況を把握しておくこと』はプロジェクトを進めるうえでは重要だ。自分の行動を把握できなければ意味がない。戦略には、いつどのようなことをするのかという具体性があり、どのような成果や進展を与えてくれたのかを把握するものがあって初めて戦略になる」

Dは帰り際、俺の顔をジッと見て、「本気でこれをやると、ワクワクしてくるはずだ。いいか。絶対にやるんだぞ」と言った。

＊ネガティブを受け入れて前に進む

どんなにツライことが続いても、必ず朝はやってくる――byｂｙ鈴木翔太。

あ――。

精神的にいろいろあったからなのか、体重は元の69キロから7キロ落ちて、現在62キロ。体脂肪はなんと15％台になった。

絶対できないっすよぉーと逃げ回っていたバーピージャンプも、今は驚くことに30回を2セットできるようになった。

すげー、俺。継続は力なりだな、ほんとに。


Dに会うのは2か月ぶりだった。天気だったり、仕事の発表会だったり、いくつか行事が続いてなかなか会いに来られなかった。ちょっと薄着になった俺を見て、Dは笑いながら、「髪がもっとさっぱりしていたら、誰だかわからなかったかもしれないな。ずいぶんスッキリしたじゃないか」と近づいてきた。

そして、俺のことをジッと見て、「次の恋愛は少し長く続きそうだな」と言った。

なんすか、いきなり。

「いや、短い恋愛ばかりを繰り返すやつは、ストレスを多く感じやすいと証明されている。確かキミ、彼女をデートに誘う前に、下調べと称して必ず一度は各店にひとりで行っていたんじゃなかったか？　はっはっは。恋愛の初期には、そのような見栄を張った行動のストレスが伴う。そして、機が熟して楽しいことを2人で一緒に経験する前に、別れ話をする際のストレスがやってくる。これを短期間で繰り返すのは、さぞツライだろうなぁ」

アンタ、相変わらずほんっとにシツレイですね。俺、別に短期専門じゃないっすから。ナオのときは、たまたま短かったけど。

「2016年、スイスのベルン大学で9069人の男女を5年にわたって追跡した結果、**別れやすい人の2つの特徴**がわかった。**①自尊心が低い。**ということは、プライドがない、こだわりがない。傷つくのがめちゃくちゃ怖い。好きになってくれる相手だったら誰でもいい。または、**②自尊心が高すぎる。**妥協できず、もっといい人がいるんじゃないかと考えてしまい短期間で別れてしまうというわけだ」

へぇ。でも、残念ながら当たっていませんね。好きになってくれる人だったら誰でもいいわけじゃないし、自尊心は少し低めかもしれないけど、決して高すぎることはないですから。

「そんなにムキになるな。自尊心が低いというのは、自分を大切に扱わないということだ。そのせいで**適当な関係に甘んじたり、ほんとうの自分を見せることができず、結果的に短い期間でつきあいが終わる**と考えられているのだが……確かにキミは変わったな」

お。珍しいじゃないすか。俺のことを褒めるなんて。自分でも、少しは変わったのかなーと思います。でも、自分で自分のことを100%受け入れるのは、なかなか難しいっすよね。まぁ、自分に満足するとそこで終わっちゃいそうだから、満足しないのもいいことだと思ってます。

「**あるがままの自分を認めるというのは、満足してそこで終わってしまうことでも、開き直るということでもない。**凸（とつ）も凹（おう）もひっくるめて、自分のすべてを認めたうえでなければ、今後どのように成長していくかなんて決められるものじゃない」

凸も凹もひっくるめて……かぁ。それは難しいなぁ。

「自分にはどんな凹、つまり欠点や弱点があると思う？」

自分の嫌いなところ、あげればキリがないっすけど……。最近は少し自分のことを褒められるようになったけど、自分に対してやさしい気持ちになれないんですよね。たとえば……ナオとのことも、もしかして彼女と新谷課長とはほんとうに何もなくて、俺が勝手に誤解をして彼女を信じてあげなかったとしたら、俺はすげーひどいことをしたことになるわけで。もちろん、最後はケンカ別れとかじゃなかったし、彼女と俺の2人が別れることを選択したんだけど、そうなんだけど……。

「というように、自分を責めすぎてしまうのだな」

はい。

「**自分を認めることができず、評価されるところなんてないと自分を追い詰めてしまうタイプは、人間関係において何かしらの不快感をおぼえたとき、自分や他者に対して自分が抱くネガティブな感情を認める、または受け入れることができない。**むしろ、それを否定あるいは抵抗して、より不快感を強くしてしまうという傾向がある」

だって、ネガティブな感情は自分に対しても、できれば人に対しても持ちたくないです。そして、持ってる自分も嫌いです。

「まさにそのとおりだ。重要なのは、**自分のネガティブな感情や不快感を受け入れたうえで前に進む**こと。たとえば、何かイラッとすることがあっても、それを軽く表に出して切り替えることのできる人間がいるよな」

はい。そういう人はうらやましいです。

「キミの場合はどうだ？　イラッとしたとき、そのことを考えないようにすればするほど、心のなかには余計モヤモヤとしたイヤな気分が残ってしまう。あるいは、1日中そのモヤモヤを引きずっていることもあるはずだ。自分の**感情や不快感を否定する、抵抗すると逆にその感情が強くなり、未完了のままそこにとどまってしまう**のだ。**自分の感情を否定するということは、それも自己否定**なんだよ」

理屈はわかります。でも、しんどいときって、自分を責めませんか？　そんなに割り切れるものですか？　なんであんなバカなことをしたんだろうとか、自分はなんてダメなやつなんだって考えるのって、普通のことだし、反省して次に進めばいいいんじゃないんですか？

「反省して次に進むことができるなら、いいんじゃないのか？　すぐに」

いや、すぐにはムリでしょう。だって……。

「悩んでいれば、考えていれば、そこにとどまっていれば何かが変わるのか？　すぐできない理由はどこにある？」

自分の……感情の……持っていきどころ？　ですかね。いや、そこにとどまっていたって変わらないことはわかります。すぐ動ければいいと……思う。そんなことがいつかできればいいなぁとも思います。

そう言ったとたん、Dは少し厳しい表情をした。

「いつか……か。それはいつだ？　もちろん、世のなかには『時間が解決してくれる』というすばらしい考え方がある。気持ちが追いつかないのに、なんでもかんでもすぐに折り合いをつけろとは言わない。だが、重要なのは自分を責めることではない。いや、もしも自分を責めて時間が巻き戻せたり、劇的な変化があるならいくらでも責めればいい。でも、責めることがなんの役にも立たないことは、それをずっとやってきたキミならわかるだろう？　そして、**しんどいことをそのままにしておくと、それは漠然と自分のなかにとどまり、余計にしんどくなる。**だから、自分が考えていることと、それによって体が感じている感覚をまずは分離することから始めてみるのはどうだ？」

考えていることと、体が感じている感覚を分離??　えっ、今???

＊思考と感覚を分離する

「以前キミに話したセルフコンパッションの理論を覚えているか?」

はい。自分を変えたいって言ってる俺に、その自分を受け入れろとか認めろって、アンタは言ってました。

「そうだったな」

あ……そうか。今、俺はまた同じことを言われてるってことですか。ははは。成長がないんだなぁ……俺。

「**『自分はダメだ』とか『自分は価値がない』というのは、おそらく多くの日本人が抱いている、自分に対する究極の宣言**みたいなものだからな。1枚くらい皮を剥いたって、タマネギみたいにまた似たようなやつがなかなか出てくるのさ」

そういうもんですか……。でも、タマネギだったら、いつか芯が見えて、それをとったらなくなりますよね。いつか、ここからもっと成長できるといいんっすけど。

「セルフコンパッションは、自分自身を『あるがまま』に、つまりいいところもダメなところもすべてそのままに認め、受け入れて前に進んでいくためのテクニックだ。他人に対して不快感をおぼえたとき、実際の人間関係で練習をするのはかなり難しい。不快感をうまく受け入れられないのだから、リアルな感情を使って練習する余裕などないだろうし、練習のためにわざわざ不快を感じる状況や環境に身を置くのもおかしな話だ」

そして、Dは俺に1000円札を渡してこう言った。

Work 10

「公園の売店があるから、そこで氷入りの飲みものを買ってきてくれるか？ **アイス・エクササイズ**をやってみよう」

氷の入ったドリンクを持って戻ると、紙コップのなかから氷をひとつとり出して、Dは俺にそれを握れと言う。

こ、氷をじかに？

「何か問題でもあるか？」

いえ……ないっす。

「**イヤなこと、望ましくないことが起きたとき、自分の思考と感覚には異なることが**

起きている。それを分離して、思考と感覚にそれぞれやさしい言葉をかけて癒やしていくプロセスだ。順番は、①氷を握る、②思考に意識を向ける、③体の経験や感覚に意識を向ける、④思考と感覚を分離する。では、氷を手のひらに置き、できるだけ長く握りしめていてほしい」

はい。さっきからやってるけど、もうけっこう冷たいっす。

「そうか。そんなふうに頭のなかにいろいろな思いや意見が浮かんでくるはずだ。その浮かんできた事柄に意識を向けてみてほしい」

ただただ手が冷たい。氷が溶けて、手の脇から水が垂れてきてるんだけど、その感覚がイヤです。

「ハハハ。キミは文句が多くていいな。浮かんでくる思考に意識を向け続けてくれ」

こんなことをしてなんの意味があるんですか？

「うむ。いいだろう。それも思考のひとつだ。すばらしい」

これって思考のひとつなんですかね。えっと、もう離してもいいですか？　とてもじゃないけど冷たすぎてムリなんですけど。

「氷を握りしめている間は、誰でもあまりいいことが浮かばないものだ。ムリだとか、もう離していいか？　とか。怒りが浮かんでくることもあるだろう。だが、その**思考は必ずしも行動しなくてはいけないものではない。自分のなかに浮かんでくる“単なる考えのひとつ”**という視点で見ることが重要だ。わたしたちの頭のなかには、つねにさまざまな思考が渦巻いている。今は氷に関してだが、浮かんでくるすべてをそのまま素直に感じてみてほしい。もっと言えば、観察するように見てほしい」

うう……。今、「いいかげんにしてくれよ。冷てえよ」っていう思考が浮かんできましたけど。

「いいじゃないか（笑）。それでいいんだ。では、次に、体の感覚に意識を当ててみよう。体には今どんな感覚がある？」

体の感覚……。指先の感覚がなくなってきてます。手のひらの真んなか、氷を置いているあたりがジーンとしてる。

「うん、いいだろう」

もう勘弁してもらっていいですか？

「それは思考だな」

鬼！

「それも思考だ。感覚はどうだ？　確かにそろそろ氷を離したいと衝動を感じるころだ。その衝動が出てきたら、どのように出てくるかに注目してほしい。どれくらい離したいと思っているか。手の、どのあたりにその衝動をいちばん強く感じるのか。自分の体に注目して、そこから湧いてくる衝動を分解してみてほしい」

手のひらの中央。氷がのってるところから……ですかね。離したいっていう衝動って、思考なのかな。

「そういう考え方は、嫌いじゃないな。ほかに何かネガティブな感情は出てきていないか？」

アンタは鬼だ、悪魔だ。俺がダメな人間だから罰を与えているんだ。

「ははは。このエクササイズはキミに合っているようだな。とてもいい。では、3分ほどたったので、氷を離してもいいぞ。では、これからキミのなかに浮かんできた**思考と感覚、それぞれにやさしさをくわえていく**」

やさしさ……ですか。なでる、とか？

「思考はなでられないからな。どうするかというと、キミは最初に『ただただ手が冷たい。氷が溶けて手から水の垂れる感覚がイヤだ』と言った。たとえば、冷たかったのによく耐えてえらかったなと、自分の頑張りを褒めることもできる。やり遂げたことに意味があるぞ！　と励ますこともできる。よしよしと、ただ慰めることもできる。のび太のおばあちゃんになったつもりで、のび太を励ますようなやさしさをくわえるのがポイントだ」

ウケる。のび太のおばあちゃんって誰っすか？　まさか『ドラえもん』観てるとは想像もしてなかったです！

「今わたしをディスったとき、もしかするとキミのなかに『こんなエクササイズ、ほんとうに効果があるのか？』という疑問が浮かんでいたんじゃないか？　そうだと仮定して、その否定的な見方に〝やさしさ〟をくわえると、どんなふうになると思う？」

え？　俺の否定的な見方に〝やさしさ……ですか。うーんと……いつもそんなふうに否定的に考えているとしたら、大変だろうね、とか？　疲れない？　とか。

「いいだろう。ほかには？」

えっと……効果的かどうかを疑っていたってことだから……意外と根は真面目なん

じゃないの？

「上出来だ。体の感覚はどうだ？」

体の感覚にもやさしさをくわえるってことですか？　うーん。氷を置いていた手のひらの中央にしびれる感覚があったから、そこをなでる？　いや違うな。えっと……しびれるのは体が正常に機能してるってことだから、よかったねとか？

「そうだな。冷たさや痛みの不快を感じるからこそ、致命的な状態を避けることができるのは確かだ。さっき体験した感覚は、その危険を教えてくれるためのものだった、ありがとうと言うこともできる」

＊

自分にやさしさをくわえる

聞かれるがまま答えてはいるけれど、俺はなんだか実感もなくふわふわとしていた。頭の上に「？」マークをいっぱい出しながら、ウロウロとさまよっている感じ。Dは否定しないけど、自分の言っていることが正解なのかまるで確信が持てない。食べものは口のなかに入っているのに、喉を通っていかない感じ……？

そんな俺の混乱などおかまいなしに、Dはエクササイズをどんどん進めていく。

練習に氷を使うのは、思考と体験を分離する感覚をわかりやすく養うためだ。少しはつかめたか？」

あ……いや……どうすかね？

「では、試しに応用してみよう。キミは今、元カノの言うことを信じてあげられなかった自分、そしてその結果、別れを選択した彼女を引き止めなかった自分をひどいと責めている。そうだな？」

い、いきなり直球ですね。でも……あ、はい。そうです。

「そのことにまつわるほかの思考はあるか？」

ほかの思考……ですか？　うーん。俺はいつもダメだなぁ。そうやって自分にとって大切な人も守れない……とかですかね。

「ほかにはあるか？」

あとは……裏切ったのは彼女じゃなくて、俺のほうだったのかもしれないなぁ、とか。あぁ、そうですね。加害者は俺のほうかもしれないです。

「エンドレスで出てきそうだがそのくらいでいい。体の感覚はどうだ？」

体の感覚……。この思考が浮かんでくると、胃がなんとなくキリキリしてきます。

……呼吸が浅くなって……体全体が重だるいような感覚もあります。

「OK。では、それぞれに対してやさしい言葉をかけよう」

やさしい……言葉……ですか……？

「出てこないか？　のび太のおばあちゃんになってみたらどうだ？　自分のこととして考えるより、客観的に見たほうがやりやすいかもしれない」

のび太のおばあちゃんって……マジで誰っすか（笑）。自分のことではなく、他人だったらなんて言うか考えてみるってことですか？　えっと、アンタはいつもダメなやつなんかじゃないよ。いいところだってあるじゃないか、とか？

「そうだ。続けてみよう」

大切な人……アンタは守る……守ろうとしていたよね。頑張ったよ……とか。

どっちが裏切ったかなんて、そんなことほんとうのところはわからないじゃないか、とか。

……「加害者は俺だ」なんて言ったけど

……そんなこと言ったら、自分が……かわいそうだよ。

彼女のこと、ちゃんと好き……だったんだね……。

それ以上、言葉が続かなくなった俺を、Dは珍しく黙って見つめていた。

5分くらい経過しただろうか。

Dはそっと立ち上がって、例によって裸足のまま、あたりをウロウロ歩き始めた。目をつぶり、顔はやや斜め上を向いている。やがて、大きな木をくるりと回って戻ってきた。

「わたしたち人間は、自分がしんどいとき、なぜか自分を責めてしまうものだ。でも、しんどいときこそ、自分にやさしい言葉をかけて、現状を冷静に見られるようにしておかなければいけない。**しんどいときに自分を責めたり厳しい言葉をかけても、それは余計に自分のパワーや冷静さを奪うだけ**だ。決していい結果にはつながらない。一方、自分が波に乗っているときは、厳しい目線で考えること。多くの場合、わたしたちは逆のこと、つまり調子のいいときは自分を褒め、落ち込んでいるときに責めてしまうのだ」

確かにそうですね……。あの、ひとつ聞いてもいいですか?

「なんだ?」

今やったエクササイズ、実際にやっていたりするんですか?

「そうだな。わたしも人間だ。しんどいときもあるし、自分を責めたりネガティブな感覚から抜け出せないときもある。そういうときには氷を握りしめて、このエクササイズを1回だけ行う。1回やると、複雑に絡み合っていると思っていたパーソナルな問題も、氷を握っているかのように思考と感覚に分解でき、解決の糸口、落としどころが見えてくるんだ」

そっか……。氷さえ手に入ればどこでもできるので、俺も自分でもやってみます。分解したら、確かにラクになりました。自分の凸凹(でこぼこ)を含めて受け入れるって、こんな感じなのかなぁって。ちょっとだけ感覚がつかめたような気がするから。

「他人の目を気にしすぎるところ、失敗を恐れるところ、自分のネガティブな部分や嫌いなところ、自分の失敗すらも受け入れる。それができるようになれば、怖いものなど何もない。人は誰でも……大事なことなのでもう一度言うぞ。だ・れ・で・も、完璧ではないし、失敗することがある。それが普通であり、失敗はその人が人生において挑戦していることの証明でもある」

完璧じゃなく、失敗するのは普通のことで、人生で挑戦してる証拠……か。失敗したくなければ、挑戦しなきゃいいんですもんね。

「そうだ。欠点もあって、そしてそれと同じだけ、あるいはそれ以上のいいところがあればいいじゃないか。そんなふうに**開き直れる力を鍛えることも、とても重要**だ。まぁ、わたしの場合は開き直りすぎだと怒られることもあるが、人生はそれぐらい図々しくてちょうどいいのかもしれないぞ」

はい。俺もアンタみたいな図々しい開き直りの根性が欲しいです。これからも近くにいて、見習わせてくださいっ。

＊自分の人生のヒーローになるマインドセット

Dは珍しく俺に笑顔を見せた。

Work 11

「キミに出会った当初、**自分を責めないためのマインドセット**の話をしたと思う」

あー。覚えてます。あっ。あのときも言われてましたね……。**①失敗とは学習である、②自分と他人を比べない、③正解はひとつではない。**

「ほう。覚えているのか。ずいぶん優等生に成長したな。あれにはじつは続きがある。これを徹底的に体にしみ込ませて、自分を責める癖はもう過去のことにするといい。では、4つめからいくぞ。たとえ人気がなかったり支持する人が少なくても、自分が信じるものを支持すること。**他人に流されず、自分の意志で決め、選ぶこと。**そうしなければ、他人にコントロールされてしまうぞ」

へい！

「⑤は、**自分を否定してくる相手を学びの対象にする**こと。あらゆる批判は、キミの学びになる。メンタルが強くなれば、華麗にスルーできるようになるだろう。**⑥弱点＝自分の特徴**と考えろ。弱点は直すもの、隠すことと考えがちだが、環境が変われば優位になることもある。自信を持て！ **⑦自分の過去を冒険の物語としてとらえてみる**といい。つねに客観的に見る視点を持つことだ」

Dは残りの5項目をいつもの早口で、力強く俺に伝えた。

「**⑧自分の才能をみくびるのをやめる**ことだ。100回試してみるまで、自分の能力を過小評価しないこと。もし、ひとつのジャンルで100回試してダメだったら、あと99のジャンルを試せばいい。キミの才能の開花先は、まだ見つかっていないだけだ。**⑨キミの悩みは、過去に必ず誰かが通った道**だ。同じように悩み、苦しみ、乗り越えてきた人が絶対にいる。ひとりじゃない。キミには仲間がいる。**⑩自信とは、誰かや何かとの比較のうえに成り立つものではない。自分自身が決めるものだ**。多いか少ないなどと測れるものでもない。IQが高いからといって大成功するわけじゃないことは、キミでもわかるだろう。**⑪怒りはクリエイティブに発散し、悲しみをクリエイティブに利用する**こと。想像力を働かせて乗り越えよう、役立てよう、発散しよう。**⑫キミの成功を心から喜んでくれる人たちのなかに身を置く**こと。以上だ」

ありがとうございます。全文書いて、どこかに貼っておきます。あ、トイレのなかに貼って、毎朝、読み上げてから出かけようかな。

地面に座り込んでいた俺は、ちょっとはしゃいでDを見上げた。

「自分を受け入れるということは、自分自身に何も足さず、何も引かず、このままの自分でいい！　と、キミ自身が腹をくくることだ。ほかの誰がどんな評価をしていようと関係ない。キミ自身が、今の自分のままで、これでよし！　と思うこと。なぜなら、もっとも厳しい評価をキミに下しているのは、まぎれもないキミ自身だからだ。使い古された陳腐な言葉だが、人生は一度きりだ。そして、一度しかないキミの人生のなかで、一生つきあっていくそのキミ自身が、キミのことを一生認めてあげないのは、あまりにもかわいそうだと思わないか？」

Dはここまで一気にしゃべると、少しスピードを落としてこう続けた。

「キミの生活は、短い間でものすごい変化を遂げた。すばらしいことをいくつも達成した。これからも自分の思うように進んでいくといい。わたしはいつもキミの味方だ。そして覚えておくんだ。失敗するのは、キミが生きているからだ。そして、生きている限り、挑戦し続ける限り、失敗し続けるだろう。残念なお知らせだがな（笑）。ただ、失敗し続けることで、自分のことをダメな失敗者だとレッテルを貼るのか、挑戦を恐れない勇者ととらえて前に進み続けるか。それはすべてキミ次第だ」

遠くのほうで夕刻を告げる音楽が鳴っている。

俺は立ち上がり、ポケットのなかにスマホと財布があることを確認して、ズボンの裾や尻についた土や葉っぱを手で払い落とした。

じゃ、俺、そろそろ行きます！

Dに頭を下げて、公園の出口に向かって歩き出す。

気分はとても晴れやかだ。

ダメな自分や情けない自分、自信のない自分にちょっとだけ自信が持て始めた自分、いろんな俺のミニチュアが全員整列して見守ってくれているような、そんな妙な妄想が浮かんで、おかしくなった。


これも全部、俺自身。そして、一生つきあっていくんだな。

しばらく歩いたところで何気なく振り向くと、そこにはもうDの姿はなかった。

END

人の嘘を見抜くワーク

アリゾナ大学が行った、決算報告のスピーチと実際の業績を照らし合わせて、嘘や誇張がどれくらいあるかを分析した研究によると、見抜くポイントは次の7つ。今までを振り返ると、思い当たることもあるのではないでしょうか。今後のためにもぜひ覚えておきましょう。

1 説得行動が増える

相手を説得しなければならない、信じさせなければならないという気持ちが働くために、いつもより話が長くなる、より細かい内容を伝えようとする。

2 嘘をつき終えてリラックスする

嘘をついている人は、最後まで話を終えて自分のやるべきことは終わったと思うと、リラックスして自分がつくったつくり話を忘れてしまう。

3 前置きが多い

嘘をつくとき、「じつは」「驚くかもしれないけれど」などの前置きが増える。

4 ポジティブな単語が増える

人は嘘をつくとき、すごく楽しい、めちゃくちゃ面白いなどポジティブな単語が増える。

5 あいまいな表現が増える（責任回避行動）

「…かもしれない」「だったと思う」というあいまいな表現が増える。

6 一人称が少なくなる

「わたしは」「俺が」という一人称が少なくなり、小説のように俯瞰で見ているような描写をするようになる。

7 距離をおいた言葉づかいが増える

対象を「あいつ」「あの人」「あの会社」というように距離をおいた言葉づかいが増える。

Work 8 4つの欲望を刺激するセルフコーチング・ワーク

ハーバードビジネススクールによる、どのような欲望が仕事のモチベーションと結びついているかという研究で導き出されたのが、次の4つの欲望です。自分を〝コーチング〟するイメージで4つの欲望を書き出し、それを満たすにはどうすればいいか考えてみましょう。

1 獲得への欲望

社会的地位など形のないものも含め、希少価値が高いもの、珍しいもの、他人が持っていない自由度、価値のある仕事などを獲得することへの欲望を満たすこと。

あなたの「獲得への欲望」は何？ どうすれば満たされる？

2 絆への欲望

個人や集団との結びつきを形づくるもの。自分が仲間になりたい、つながりを持ちたいと思っている人たちと結びつくことへの欲望を満たすこと。

あなたの「絆への欲望」は何？ どうすれば満たされる？

3 理解への欲望

好奇心を満たしたい、答えを見つけ出したい。自分が何かを試した結果、どんなことが起こるかを知りたい欲望を満たすこと。

あなたの「理解への欲望」は何？ どうすれば満たされる？

4 防御への欲望

外部の脅威から自分を守ること、正義を広めること、生活や仲間を守りたいという欲望を満たすこと。防御の対象は、自分自身、仲間、家族、財産など。

あなたの「防御への欲望」は何？ どうすれば満たされる？

Work 9 目標を達成するための GOODモデル・ワーク

ジェフリー・E・ハウエルバッハ博士が、ポジティブ心理学の知識や知見をもとに提唱した「GOODモデル」を応用したワークです。実際、このモデルに従ってコーチングを行うと、モチベーションが20〜60%ほど高まったという結果が出ています。次の質問に答えることによって、目標を達成するまでモチベーションを維持できるようになります。

G ゴール

とり組むべきもっとも重要な目標を定義します。次の質問に答えることで、ゴールが明確になります。

1 あなたが集中したい目標はなんですか?

2 その目標を達成すると、どんな結果が得られますか?

3 なぜ、この目標が大事なのですか?

4 この目標は、あなたの価値観、ビジョンと一致していますか?

5 もし希望どおりの結果が得られたら、どんな気分・感情になると思いますか?

6 人生をよりよくするために、どんな変化を起こしたいと思いますか?

O オプション

ゴールに向かって進むために使えそうなオプションやステップを調べます。目標を突破するための知識、武器、道具を手に入れるための質問です。

1 その目標を達成するために、どんな具体的な方法がありそうですか?

2 過去に似たようなことを成し遂げたことはありますか?

3 他の人はそのような目標に対して、どのようにとり組んでいると思いますか?

4 目標を達成するために、どんな行動をとることができますか? 今自分ができる行動はなんですか?

5 もしあなたがその行動をとらなかった場合、どのような影響がありますか?

O オブスタクル

オブスタクルは障害物という意味です。進行の妨げとなる可能性のあることを、あらかじめあぶり出し、どんな対策をとればいいか考えます。

1 目標を達成するために邪魔になりそうなものはなんですか?

2 どのような外的な課題(外部の問題)が問題になる可能性がありますか?

3 どのような内的な課題(心配、不安など)が問題になる可能性がありますか?

4 問題が起きた際、誰からのサポートが受けられますか?

D 実行

実行するための質問です。実行するためにどんな行動をとればいいか、いつまでにやればいいかを明らかにし、実現度を最大限に高めます。

1 目標を達成するためにどのような戦略を採用しますか?

2 具体的にいつどのようなことをする予定ですか?

3 進捗状況をどうやって把握できますか?

4 もっともすばやくとれるアクションはなんですか? またそれをいつ実行できますか?

5 そのアクションはどれくらい時間がかかりますか? そして、いつ達成できますか?

Work 10 セルフコンパッションを一瞬で高めるアイス・エクササイズ

イヤなこと、望ましくないことが起きたとき、自分の思考と感覚には異なることが起きています。それを分離して、思考と感覚に分け、それぞれを癒やしていくエクササイズです。氷が冷たくてどうしても我慢できなかったら、氷を離してかまいません。離した場合は、離したあとの手のひらを見ながら続けてください。

1 氷を握る
2 思考に意識を向ける
3 体の経験や感覚に意識を向ける
4 思考と感覚を分離する
5 3分たったら氷を離す
6 思考と感覚それぞれにやさしい言葉をかける
7 これを応用して、今感じているネガティブな感情にやさしい言葉をかける

Work 11 ゆるがない自分をつくる究極のマインドセット・ワーク

自分を責める癖から脱し、これから先、何があっても自分なら大丈夫と思えるようになるマインドセット・ワークです。これらを書き出し、目につく場所に貼るなどして意識に叩き込みましょう。

1 失敗とは学習である
2 自分と他人を比べない
3 正解はひとつではない
4 他人に流されず、自分の意志で決め、選ぶ
5 自分を否定してくる相手を学びの対象にする
6 弱点＝自分の特徴と考える
7 自分の過去を冒険の物語としてとらえる
8 自分の才能をみくびるのをやめる
9 悩みとは必ず過去に誰かが通った道である
10 自信は相対的なものではない、自分が決めるもの
11 怒りはクリエイティブに発散し、悲しみをクリエイティブに利用する
12 自分の成功を心から喜んでくれる人のなかに身を置く

あとがきにかえて

初めて本を出版してから、12年が過ぎました。

読書を通じてこれまでにたくさんの恩恵をもらってきた自分が、今度は、自分の本を手にとり、読んでくださるみなさんに、実生活で役立つ知識やヒントをお伝えできる。それは自分にとってとても意味のある、うれしいことです。

現在は書籍だけでなく、ＹｏｕＴｕｂｅやニコニコ動画といった動画サイトを通じて、科学的な裏づけのある有益で実用的なテクニックをお伝えすることも定期的に行っています。なのですが、それだけでは十分じゃないんじゃないか、あるいは伝え方に問題があるのではないか……という思いがしばしば頭をよぎるのも事実です。

読むだけや知るだけでなく、ぜひ実践を！　というのは、わたしがいつも言っていることではありますが、実践したくてもどこから手をつけていいのかわからない、いつどこでどのテクニックを使えばいいのかわからない、という声を耳にするからです。

確かに、問題への対処法はいくつもあります。

「人に好かれたい」という悩みに対するアプローチも、現実的にどうしたら好かれるのかを知ることや、逆に人に嫌われるポイントを知ること、はたまた、なぜ人に好かれたいと思うのか？　人に好かれなくたっていいじゃないか！　という心理的アプローチをとる方法もあるでしょう。

ただ、いずれの方法も実際に試してみない限り、ほんとうのところはわからない。いくら理論をこねくり回しても、その方法があなたに合うかどうかは、やってみないとわからないのです。

イギリスのことわざにこんな言葉があります。

「馬を水辺に連れて行くことはできるが、馬に水を飲ませることはできない」

つまり、馬が水を飲むか否かは、馬の意志によるというわけです。

いったいどうすれば、みなさんにもっと効果的に伝えることができるのか。水辺まで行っても水を飲まない人たちに、どうすれば自ら進んで、しかもワクワクして水を飲んでもらえるのか。

そんな自分が抱いていたジレンマにチャレンジしたのが、本書『君の人生に勇気はいらない〜グズで臆病な僕の人生を変えた口の悪いメンターとの物語〜』です。

この本は、ストーリーテリングという手法をとり入れた、初めての著作です。

ストーリーテリングとは、古くはキリストの教えを説いた聖書、さまざまな教訓を盛り込んだ童話など、読み手が理解しやすいようにストーリー（物語）を用いて伝える手法のこと。歴史上のカリスマたちが証明してきた、〝人の思考と行動を変える〟もっとも効果的な方法だと考えられています。

鈴木翔太というごくごく一般的なひとりの青年をとおして、わたしがみなさんに知ってほしいこと、実践してほしいことを伝えています。

本書で紹介した手法は、すべてわたし自身が試し、参考にし、実践してきたものです。また、翔太が直面するさまざまな悩みは、ＹｏｕＴｕｂｅやニコ動で多くのみなさんが残してくれたコメントやアンケートのなかでつねに上位にあがってくるものです。

どうか、みなさんも本書を読み進めながら、翔太とともにすばらしい旅路へと大きな一歩を踏み出してみてください。そして、その結果どうなったのか、新たにどんなことに直面し、どう対処したのかなど、もしよければあなたのストーリーを教えていただければ幸いです。もしかすると、次はあなたを主人公にした、新たな成長ストーリーをお伝えできるかもしれません。

最後に、最初の構想から約7年。何度も沈みそうになった船を必ず水上（みなかみ）へと引き上げてくださった、SBクリエイティブの杉本かの子さん。そして、構成に多大なる協力をいただいたライターの有動敦子さんに心からの感謝を述べたいと思います。おふたりがいなかったらこの本の完成はありませんでした。

また、目を離すとすぐ束縛から逃れようとするわたしのスケジュールをいつもしっかりと調整し、取引先との交渉役だけでなく潤滑油にもなってくれているマネジャーであり、ビジネスパートナーであり、大切な友人でもあるつっしーこと對馬大和氏。これまで書面で感謝を述べたことはないけれど、いつもすばらしいスペースと機会を提供してくれること、感謝しています。

そして、わたしがもっとも感謝を伝えたいのは、本書を最後まで読んでくださったあなたです。あなたに読んでもらえなければ、ほんとうに伝えたいことを伝えることができませんでした。興味を持ってくれて、最後まで読んでくださって、ありがとうございました。

先の見えない困難な時期はまだしばらく続くかもしれません。
それでも、わたしたちの人生は続きます。
本書があなたにとって、これからの人生を希望を持って進んでいくための一助となれば幸いです。

2024年　メンタリストDaiGo

メンターDの教え
ダイジェスト版

いつもの日常から一歩抜け出す

行動選択

1 すべき行動

変えたいと思っているのにモチベーションが上がらないことをピックアップする

（翔太の例）転職活動→給料アップが見込めるような結果を出す行動

2 すべきでない行動

変えたいと思っているのにモチベーションが上がらないこと（1）を妨げている行動をピックアップする

（翔太の例）転職活動

行動分析

- モチベーションが上がらないことを妨げている行動（2）の短期的・長期的なベネフィットとコストを明らかにする

振り返りのステップ

- 行動選択と行動分析の結果、心に残ったこと、自分について学んだこと、選択した行動（1）をどのように実践していくかをメモする

STEP 2　ありのままの自分を認める

不安・心配の原因を知る

1 他人と自分を比べて落ち込むのは、将来に対する不安・心配が原因である

2 不安・心配が解決できないレベルで起こることはほとんどない

3 なぜ不安になり、心配してしまうのか、5つの「心配が暴走してしまう理由・原因」と照らし合わせて明らかにする

セルフコンパッション能力を高める

1 セルフコンパッション（ありのままの自分を認める）能力が高い人ほど大きな成功を手にする

2 セルフコンパッション能力を高める3つのマインドセットを叩き込む

いい習慣を身につける

行動の習慣：習慣化のしくみ

1 朝のルーティン

習慣化しやすい朝の時間を使って習慣化をうながす

（翔太の例）朝7時半に起床、すぐカーテンを開ける、腕立て伏せをする、シャワーを浴びる

2 スモールステップ

ほんの少しの習慣を、毎日ひとつずつクリアしてステップアップすることが、結果につながる

3 ビッグエリア

なぜ習慣にしたいのか、大きな目標を意識するとモチベーションが続く

(翔太の例)モテたい、自分の体に自信を持ちたい、健康的な生活を送りたい

思考の習慣:NOと言えない習慣を変える

1 NOと言えないメンタルに共通する7つの「非機能的思考」を認識し、それを否定する

2 NOと言ったときのメリットとデメリット、YESと言ったときのメリットとデメリットを書き出し、客観視する

3 4つのステップでNOと言う

(翔太の例)NOと言うハードルが高いなら、まずはノートに「非機能的思考」を書き出し、それを否定する(変換する)ことを1週間続ける

時間感覚の習慣:時間認知のゆがみを正す

1 時間飢餓

「時間がない」という時間認識が生産性を下げている

2 ゴールに対するコンフリクト(葛藤)が「時間飢餓」を生み出す

(例)ダイエットしたい、でもケーキを食べたい／資格の勉強をしたい、でも週末は家族と過ごしたい

3 コンフリクトの対策として「リフレーミング」をとり入れる

(Dの例)仕事、貯金、家族サービス、ダイエット…を、それぞれを目的とするのではなく、それぞれを人生のひとつの目的のための要素と考える

4 マルチタスクなどによって時間が分断され、細切れになる「時間汚染」がないかチェックする

5 ゆっくりとした呼吸をとり入れて「時間飢餓」の感覚をやわらげる

いい人間関係をつくる

イフゼン・プランニング

〝Aの状況になったら、Bをする〟とタスクのタイミングをあらかじめ決めておくことによって、習慣化を加速させる

信頼できる人の定義

1 人の誠実性は長期および短期で得られる報酬との関係性によって変化する

2 社会的に成功している人がつきあっている「6タイプの人材」

3 人を見誤ってしまう「6つの失敗」に気をつける

モテない要因・モテる要因

1 モテない要因ベスト5を認識する

2 脈ナシから脈アリに変わる5つの条件を意識する

お金が貯まる人・貯まらない人の違い

1 貯金ができない人間は情報の管理ができていない

2 長期的に貯金習慣を続けられる人は、目先の喜びをほかに見つけながら前進している

3 「ノスタルジー戦略」で貯金の習慣を潜在的に改善する

4 毎日、日記に感謝を書くことで、自制心を高める

5 循環型思考（毎日は同じことの繰り返しであると考える思考）を持つだけで貯金額が上がる

STEP 5 新しい自分に生まれ変わる

人を見極め、未練を断ち切る

1 嘘を見極める7つのポイントを知っておく

2 人は失いゆくものに対して価値を感じてしまう生きものだということを覚えておく

セルフコーチング

1 仕事や人生に4つの欲望の要素を見いだし、それを満たすことを考える

2 「GOODモデル」で目標を達成するモチベーションを持続させる

自信を持って前に進む

1 なぜか人が離れていく人の2つの特徴を知る

2 ネガティブな感情を認める

3 「アイス・エクササイズ」のプロセスで思考と感覚を分離し、それぞれにやさしい言葉をかけて癒やしていく

4 自分の人生のヒーローになるための12のマインドセットを胸に刻む

メンターD's HACK
Dが翔太に教えたハック集

健康

- 裸足で歩くと勝手に姿勢がよくなる。➡ P20
- 1時間以上座ると、血流によくない。➡ P21
- リラクゼーション効果でみると、1をマックスとして、瞑想が0.4程度。森や木がたくさんある公園は0.7と効果が高い。➡ P21
- だるい、疲れる、仕事の前に疲れたくない。こういうときこそ、運動したほうが回復が早くなる。➡ P110
- BMIが4.34ポイント高くなるごとに、脳の認知機能が、2.22か月ほど低下、つまり老化した。BMIが25以上の男性は、標準的な男性よりもテストステロンの値が40%も低い。➡ P123-124
- タンパク質は、3大栄養素（タンパク質、脂質、糖質）のなかでもっとも脂肪になりにくい。➡ P125
- カロリーの40%を脂質でとり、20%をタンパク質、残り40%を炭水化物にする、4:2:4が体脂肪を維持するバランス。➡ P127

メンタル

- やるべきことが決まっているのに行動が起こせない人は、目先の不安感やストレスを回避するために短絡的な行動をとっていて、長期的なメリットに目が向いていない。➡ P31
- 腸内環境のバランスが崩れることで、自己コントロール能力が低下する、メンタルが落ち込む、自制心が失われるというデメリットが生じる。➡ P49
- 自信が持てるようになるために、あるいはポジティブになるために何かをするのは、実際はネガティブな効果しか生まない。➡ P92
- セルフコンパッションの能力が低いと自分を責めすぎる傾向にある。自分を

責めすぎるとあらゆる面でうまくいかなくなってくる。自分を認めることができている人のほうが、能力が高い。➡ P94-95

- NOと言うのが難しいのは、断れない人が抱いている非機能的思考のせい。➡ P147
- メンタルトレーニングを行うと、8週間くらいでメンタルが変わってくる。➡ P164
- 自分を認めることができないタイプは、人間関係において何かしらの不快感をおぼえたとき、ネガティブな感情を認めたり受け入れることができない。➡ P290
- しんどいことをそのままにしておくと、それは漠然としたまま自分のなかにとどまり、余計にしんどくなる。➡ P292

感情コントロール

- ジャンクフードを多く食べて育った子どもは、自己コントロール能力が低下し、感情をコントロールすることが難しい。➡ P49-50
- 心配ごとの85%は起きない。〝解決できないレベル〟で起きることは、ほぼない。➡ P78
- 人間はそもそもネガティブに考えるようにできている。日本人の9割以上がネガティブな遺伝子を持っている。➡ P79
- 気にしすぎや心配性の性格のせいで、心配が勝手に暴走する。心配したことが現実になるよりも、心配している最中のほうが苦しい。➡ P80
- 過度に心配する人は、あいまいなことを脅威あるいは危険と解釈する傾向がある。➡ P81

集中力

- 森では集中力が2倍になる、意志力が上がる、瞑想の効果が上がる。➡ P21
- 共通点を探すのが得意な人ほど頭がよい。➡ P25
- 1回夜更かしをすると、3日は判断能力が落ちる。➡ P32
- 昼に消化しにくくて血糖値が急激に上がるようなものを食べると、午後眠くなる。➡ P50

- たった20分運動するだけで、脳が成長し、認知能力や注意力が上がり、集中力が高まる。気分は高揚し、憂うつな気分が改善する。たとえ単発でも（習慣化していなくても）、20分間の運動は効果的である。➡ P53
- テストステロン値が低くなると、やる気がなくなる、持久力が低下する、すぐ眠くなる、睡眠の質が下がるなど、日常生活に弊害が出てくる。➡ P124

モチベーション

- 非機能的行動のコストとベネフィットを診断することで、目標行動に対して適切なモチベーションを維持することができる。➡ P33
- 業績の低いダメな企業ほど大きな目標を掲げているケースが多い。大きな目標を立てれば立てるほど失敗しやすくなる、目先の利益を優先して利益を損なう、モチベーションが破壊される、不正やズルをするようになる。➡ P107-108
- ゴールに対するコンフリクトが大きくなるほど、切羽詰まった感覚や焦りが生まれる。➡ P175
- 目標の達成率が高い人は、単に我慢強いのではなく、目先の喜びをほかに見つけながら前進している。➡ P235
- 獲得、絆、理解、防御、この4つの欲望の要素を見つけ出し、そのすべてを満たすことができたら、かなりの成績が期待できる。➡ P272

恋愛

- 青白い顔色をしていたり唇に赤みがないだけで、健康なのに病気だと判断されてしまう。白すぎる肌は免疫系の弱さを示すと考えられ、魅力的とは見なされない。➡ P72-73
- 筋肉がなさすぎてもありすぎても、モテない。➡ P122
- 意中の相手からモテない人は、同性、つまり好意の対象外からもモテない。➡ P218-219
- 親切でやさしいのにモテないこともある。やさしい人は共感能力が高すぎる。共感能力が高すぎると、相手の気持ちや事情がわかってしまい、告白するこ

ともできなくなってしまう。➡ P226-227

- 98%の人が自分の理想(恋愛相手に対する)を簡単に変えていた。基準を変えず、最後まで貫きとおしたのはわずか2%しかいなかった。➡ P229
- 恋愛で別れやすい人には2つの特徴がある。自尊心が低い人。自尊心が高すぎる人。➡ P288

習慣化

- わたしたちが過ごす日常は、3分の1から2分の1が習慣的な行動で占められている。自分でも意識していない習慣化された行動は驚くほどたくさんある。➡ P111-112
- 習慣は起きてすぐの時間を使ったほうが、ラクに身につく。➡ P132
- 毎日ほんの少しの習慣をつけて、ひとつずつクリアしてステップアップしていく。そのステップが細かければ細かいほどいい。少しでも進んだという感覚があると、それが前に進むことの弾みになる。➡ P135,137
- 習慣化のモチベーションとして選ばれる3つの事柄に、お金(経済目的)、社会的つながり(人間関係)、健康がある。➡ P139
- 朝起きてすぐに何かをやり遂げると、1日が効率的に過ごせる。➡ P195
- すでにルーティンになっているものと何かを組み合わせると、驚くべき確率で習慣化しやすい。➡ P195

意志力

- 人間の脳がいちばん疲れるのは意思決定。意思決定をすればするほど、脳は疲れてくる。朝起きたときがいちばん物事に集中したり自分をコントロールできるのは、意思決定疲れを起こしていないから。➡ P113
- 習慣を身につけることで意志の力が強くなる。小さい習慣をたくさん身につけるほど、意志の力が強くなる。➡ P114
- 日記に感謝を毎日書くだけで自制心が高まり、目先の欲求に強くなる。➡ P239

ストレス解消

- テストステロンの値は睡眠に大きく依存している。1日4時間と8時間の睡眠を比べると、睡眠4時間の場合、テストステロンの値が半分に落ちる。睡眠時間が1時間延びるごとにテストステロンが15%アップする。➡ P128
- 本を読まない人間が1日に30分ゆっくりと読書する時間をつくるだけで、68%もストレスが減少する。➡ P184

時間術

- 仕事の時間を短縮すると、多くの人はそれでは終わらないと思うが、実際はまるで影響がなかった。➡ P169
- 「時間飢餓」の感覚が、会社やチームの生産性を大きく下げている。➡ P171
- 時間が足りないと感じているときは、他人に親切にすると、余裕があるという感覚を持つことができ、時間を上手に使うことができる。➡ P180
- マルチタスクが時間飢餓の感覚をさらに加速させる。➡ P182
- 呼吸に注意を向けて、ゆっくりとした呼吸を行うことで、時間飢餓に対しても効果が上がる。➡ P185

洞察力

- 人間の性格としての誠実性は、その人が持つ遺伝子である程度決まっている。➡ P203
- 誰にも見つからないことを確信すると、じつに90%が不正な行動をとる。➡ P205
- 人間の誠実性は、長期および短期で得られる報酬との関係性によって変化する。➡ P206
- 地位が高くなり強い権力を持てば持つほど、人間は正直ではなくなり、信頼性も低くなる。➡ P210
- 自分の利益に大きくかかわる問題にとり組んでいるときほど、自信がありそうな人が提供する情報を信用する。➡ P211

- 体をそらす、腕を組む、手や顔を触るなどのしぐさがたくさん見られる人は、あまり信用できない。➡ P213
- 人間には、対面の直観だけで相手を見抜く能力が20%くらい備わっている。➡ P213
- 嘘をついている人は、相手を説得しなければならない、信じさせなければならないという気持ちが働くために、いつもより話が長くなる、より細かい内容を伝えようとする。➡ P254
- 顔を触る、視線をそらす、そわそわして落ち着きがないなど、嘘をついていると思われがちな仕草は、実際は嘘を見抜くポイントとしてはほとんど役に立たなかった。➡ P255
- コインを投げて裏表を当てるような、偶然と同じ程度の確率でしか嘘を見抜くことができない。➡ P264

お金

- 貯金できない人間は、情報の管理ができていない。➡ P232
- 人間は「先週いくら使いましたか?」と聞かれ、そのあとに「では、来週はいくらくらい使うと思いますか?」とたずねられると、驚くほど低く見積もる傾向がある。➡ P235
- 自分の過去を懐かしめるものに触れて、感傷に浸ることが貯金をうながす。➡ P236
- 毎日は同じ出来事の繰り返しであることを意識して生活した循環型のグループは、具体的な方法など何も言われていないのに、82%貯金額が上がった。➡ P241

用語集

＊1 歩行瞑想
歩きながら行う瞑想で、歩くことや足の裏に意識を集中させる瞑想方法。座って行う瞑想のように足がしびれることがないため、比較的気軽にとり組める。

＊2 RAT（Remote Associates Test ／ 遠隔性連想検査）
一見まったく関係性のないものの間に共通点を見いだす、洞察力を測るテスト。心理学の世界でよく頭のよさがわかるテストとして使われている。

＊3 頭のよさの定義
1962年、ミシガン大学の研究者が定義した、頭のよさに必要な3つの要素のこと。1）類似性＝違うものから共通点を見つけ出す能力、2）一般常識への理解＝ありふれたものに対してよく考える能力、3）セレンディピティ＝大量の情報から違う意味を見いだす能力。いわゆる「ひらめき」。

＊4 非機能的行動
意味を持たない行動、矛盾している行動、今やらなくてもいい行動、つまり自分には役に立たない行動のこと。

＊5 モチベーションの改善ツール
オランダのマーストリヒト大学のチームが開発したツール。非機能的行動のコスト（デメリット）とベネフィット（メリット）を明らかにすることで、目標行動に対して適切なモチベーションを維持することができるとしている。

＊6 BDNF（脳由来神経栄養因子のひとつ）
神経細胞の生存、成長やシナプスの機能亢進など、神経系の発達と維持に重要な働きをする液性タンパク質のひとつ。

＊7 認知能力
一般的には知能検査で測定できる能力のことを言う。これに対して非認知能力とは、主に意欲、自信、忍耐、自立、自制、協調、共感など心の部分の能力のことを言う。

＊8 ドーパミン
中枢神経系に存在する神経伝達物質で、運動調節、ホルモン調節、快の感情、意欲、学習などにかかわる。

＊9 ノルアドレナリン
激しい感情や強い肉体作業などで人体がストレスを感じたときに、交感神経の情報伝達物質として放出されたり、副腎髄質からホルモンとして放出される物質。

＊10 セロトニン
人間の精神面に大きな影響を与える神経伝達物質。不足すると精神のバランスが崩れ、暴力的になったり、うつ病を発症する原因ともなる。

＊11 不確実性
将来起こりうるべき事象に関して人間が持つ情報の正確さ（不正確さ）についての1区分。リスクと不確実性の違いは、リスクは起こりうる事象がわかっていて、それが起きる確率もあらかじめわ

＊16 テストステロン
男性ホルモンの代表で、筋肉質な体型やがっしりした骨格などいわゆる「男性らしさ」を構成するために重要な性ホルモン。

＊17 BMI
ボディ・マス・インデックス（ボディマス指数）の頭文字。体重と身長の関係から算出される、ヒトの肥満度を表す体格指数。[体重（kg）]÷[身長（m）×身長（m）]で算出される。

＊18 コレシストキニン
小腸、脳などに発現しているペプチドホルモンで、胆嚢を収縮させ胆汁の分泌をうながし、膵液の分泌もうながして、食欲を抑制する機能がある。

＊19 TDEE
Total Daily Energy Expenditureの略。基礎代謝量に1日の活動カロリーを足したもので、1日の総消費カロリーのこと。

＊20 ルーティン
決まったときにやる一連の動作のこと。ルーティンを活用し、特定の行動を習慣化できれば、仕事や勉強に集中力を発揮でき、いい結果を出しやすくなる。

＊21 コルチゾール
副腎皮質から分泌されるホルモンのひとつ。主な働きは、肝臓での糖の新生、筋肉でのタンパク質代謝、脂肪組織での脂肪の分解などの代謝の促

かっているもの。不確実性は、起こりうる事象がわかっているが、それが起きる確率が事前にはわからないもの。

＊12 注意バイアス
不安な気分にある人が、周囲の情報のなかから脅威に関連した刺激に注意を向けてしまう状態。かつその刺激から注意をそらすのが困難である状態。

＊13 クリティカル・シンキング
目の前の事象や情報を、感情や主観にとらわれず、論理的・構造的に思考するパターンのこと。「ほんとうにこれでいいのか」という客観的視点から物事を見ることで、より正しい論理につなげていく思考法。

＊14 セルフコンパッション
自分を「あるがままに」認める力という意味。自分のいいところもダメなところもすべて受け入れて前に進んでいくためのテクニック。

＊15 マインドセット
経験や教育などから形成された考え方、価値観や信念。思い込み（パラダイム）なども含まれる。スタンフォード大学教授のキャロル・S・ドゥエック博士によると、マインドセットには、硬直マインドセット（人間の才能は生まれつき決まっていて性格も能力もあとから変えることはできないというもの）と成長マインドセット（人間は努力することで自分の意思により人生を変えていくことができるというもの）があるという。本書では後者を指す。

思考（うまくいったら「これはまぐれだ」と思い、うまくいかなかったら「やっぱりそうなんだ」と考える）、5）結論の飛躍（未来を勝手に先読みして落ち込む、人の心を読みすぎて落ち込むなど）、6）拡大解釈と過小評価（自分がしてしまった失敗など、都合の悪いことは大きく、反対によくできていることは小さく考える）、7）感情的決めつけ（証拠もないのにネガティブな結論を引き出す）、8）すべき思考（直面している状況に関係なく、道徳的に「すべきである」「しなければならない」と考える）、9）レッテル貼り（「あの人は役立たずだ」「あの人は性格が悪い」「自分はダメ人間だ」などとネガティブなレッテルを貼る）、10）個人化（本来自分に関係のない出来事まで自分のせいに考えたり、原因を必要以上に自分に関連づけて、自分を責める）がある。

＊28 時間飢餓
時間が足りない感覚、時間に対する渇望感を指す。1999年ミシガン大学のパーロー氏が提唱した概念。

＊29 時間汚染
マルチタスク（＊32参照）などにより、細切れに作業をするせいで大きな時間の流れがバラバラに断ち切られ、結果として感覚がおかしくなってしまう現象を指した言葉。

＊30 コンフリクト
相反する意見、態度、要求などが存在し、互いに譲らずに緊張状態が生じること。競合、葛藤、対立、軋轢。

進、抗炎症および免疫抑制などで、生体にとって必須のホルモン。

＊22 サーカディアンリズム
原始時代から現在に至るまで、人類が繰り返してきた「日の出とともに朝起きて、日が落ちるとともに眠くなり、夜は寝る」という生活サイクルを通じてつくられたリズム。

＊23 スモールステップ
目標とする事柄を段階ごとに細かくわけ、少しずつ、習得できるようにする考え方のこと。

＊24 ビッグエリア
大きな目標のこと。目的地。

＊25 非機能的思考
認知のゆがみ（＊27参照）による非機能的な考え方。

＊26 返報性の法則
ほかの人から何かをもらったとき「お返しをしないと気がすまない」と感じる心理。

＊27 認知のゆがみ
誇張的で非合理的な思考パターンのこと。1）〝0か100か〟思考（白黒思考・完璧主義。白黒つけないと気がすまない、非効率なまでに完璧を求める）、2）過度の一般化（わずかな出来事から広範囲のことを結論づけてしまう）、3）こころのフィルター（よいこともたくさん起こっているのに、ささいなネガティブなことに注意が向く）、4）マイナス化

＊31 リフレーミング
ある枠組み（フレーム）でとらえられている物事の枠組みをはずして、違う枠組みで見ることを指す。「失敗した」→「勉強になった」、「もう半分しかない」→「まだ半分もある」などと、活用により不満や不足といった感じ方を、満足や喜びといった感じ方に変える。

＊32 マルチタスク
複数の作業を同時にもしくは短期間に並行して切り替えながら実行すること。

＊33 前頭前野
人間でもっとも発達した脳部位であるとともに、個体としてはもっとも遅く成熟する脳部位。ワーキングメモリ、反応抑制、行動の切り替え、プラニング、推論などの認知・実行機能を担っている。

＊34 イフゼン・プランニング
If（もし）とThen（そうしたら）、つまり〝Aの状況になったら、Bをする〟というように、タスクのタイミングをあらかじめ決めておくことによって、Bの行動を習慣化するというメソッド。

＊35 ハビット・チェーン
「習慣の鎖」という意味。すでに身についていて毎日やっている習慣に、新しい習慣を鎖のようにひとつずつつなぐことで効率的に習慣化を目指すテクニック。

＊36 バーピージャンプ
筋トレと有酸素運動両方の効果を期待できる全身を使ったトレーニング。アメリカの生理学者ロイヤル・H・バーピー博士が考案したことが名前の由来。1）直立した状態から、腕立て伏せのように床に胸をつけた姿勢になる→2）両足をそろえて立ち上がり、再び直立の姿勢に戻ったら、軽くジャンプして頭上で両手を叩く。1）と2）の動作をすばやく繰り返す。

＊37 形式主義
一般に事物の内容よりも形式を重んずる立場。

＊38 孤立主義
周囲から孤立して独自性を守ろうとする主義。

＊39 確証バイアス
認知バイアスの一種で、自分にとって都合のいい情報ばかりを無意識的に集めてしまい、反証する情報を無視したり集めようとしなかったりする傾向のこと。

＊40 日和見主義
ある定まった考えに基づいて行動するのではなく、形勢を見て有利な側に追従しようとする考え方のこと。

＊41 ザイオンス効果（単純接触効果）
同じ人やモノに接する回数が増えれば増えるほど、その人やモノに対して好印象を持つようになる心理現象のこと。

＊42 共感能力（エンパシー）
自分から相手に共感できる力。具体

的には共感を通じて、相手の「信頼」と「承認欲求」を満たしてあげられる能力。

＊43 金融心理学
お金持ちになる心理学。ブラッド・クロンツ博士がパイオニアとして有名。

＊44 ノスタルジー戦略
ブラッド・クロンツ博士が米国クレイトン大学で行った実験で証明された貯金をうながす戦略。自分の過去を懐かしめるものを用意し、その感傷的な感情を自分の価値観に結びつけ、貯金の動機にすることで貯金の習慣を身につける。

＊45 循環型思考
人生は習慣の積み重ね、毎日は同じことの繰り返し、人生は同じことの繰り返しであるという考え方。

＊46 説得行動
相手を説得しなければならない、信じさせなければならないという気持ちが働くために、いつもより話が長くなる、より細かい内容を伝えようとする行動のこと。

＊47 回避行動
人前で恥をかいたり、恥ずかしい思いをすることを恐れるあまり、そのようなことが起こりそうな状況、たとえば会議やパーティに参加することなどを避ける行為のこと。

＊48 ピンクのゾウ
ピンクのゾウのことを考えるなと言われると人はほぼ100%ピンクのゾウを考えてしまうという心理学のたとえ話。考えるなと言われれば言われるほどそのことに思考が向いてしまう。これは脳は否定語を理解できないというしくみから来ていると言われている。

＊49 コーチング
相手の話に耳を傾け、観察や質問、ときに提案などをして相手の内面にある答えを引き出す目標達成の手法のこと。

＊50 GOODモデル
ジェフリー・E・ハウエルバッハ博士が提唱するコーチングモデル。Gはゴール、ひとつめのOはオプション（選択肢）、2つめのOはオブスタクル（障害物）、最後のDはDO（実行）。

Work 1

モチベーション改善ワーク

オランダのマーストリヒト大学の研究チームが開発した「モチベーションの改善ツール」を使用した「モチベーション改善ワーク」です。

行動選択のフェーズ

1 何を変えたいのか

変えたいと思っているのに、なぜかモチベーションが上がらないと思っていることをひとつ選んで書き出してください。

（翔太の例）給料をアップさせたい

2 妨げているものは何か

1 のモチベーションを妨げている原因となる自分の行動をひとつ書き出してください。

（翔太の例）転職活動

行動分析のフェーズ

3 妨げの行動をカテゴライズする

2 の行動のベネフィットとコストを4つのマトリックスに分けて書き出してください。

	ベネフィット（メリット）	コスト（デメリット）
短期的	短期的なベネフィット	短期的なコスト
長期的	長期的なベネフィット	長期的なコスト

振り返りのステップ

このエクササイズを振り返り、以下のことを書き出してください。

1 もっとも心に残ったこと

2 自分について新しく学んだこと

3 1と2をこの先どのように実践するかメモする

Work 2 心配しすぎ改善ワーク

サセックス大学が調べた「心配が暴走してしまう5つの原因」を応用した、不安や心配しすぎを改善するワークです。次の 1 から 5 を踏まえて、なぜあなたが心配しすぎてしまったり、不安で仕方がなくなってしまうのか、考えてみましょう。

1 不確実性(あいまいなこと)に耐える力がない

あいまいなことを〝脅威〟あるいは〝危険〟と解釈して、「知らない＝危ない」と思ってはいませんか? それがほんとうに危険なことなのか、考えてみましょう。

2 「注意バイアス」がかかっている

心配や不安に注意を向けすぎていませんか? 注意を向けすぎると「注意バイアス」がかかり、認識がゆがみます。まずは「注意バイアス」がかかっていないかどうか、俯瞰してみるだけでも「注意バイアス」から抜け出す効果があります。

3 心配はいいものだと思っている

心配しすぎるくらいのほうが何かあったときに対処できる、という考えは、心配ごとがあったときにすぐ動ける人にのみ有効な考え方です。もし、心配するだけで行動に移していないのなら、心配をすぐ行動に移すトレーニングが必要です。

4 完璧主義なアプローチをとってしまう

すべての条件や道具がそろわないと何かを始められないという完璧主義な人は、なかなか行動を起こせません。なぜ行動を起こせないのか、その背景に「失敗したくないから」という理由がありませんか?

5 ネガティブモードになっている

つねにネガティブに物事を見る人は、「ネガティビティバイアス」がかかり、心配することが癖づいてなかなか抜け出せません。あなたにも「ネガティビティバイアス」がかかっていないかどうか、自分を俯瞰してみてください。

MEMO

セルフコンパッションを高める マインドセット・ワーク

あるがままの自分を認めるセルフコンパッションの能力が低いと、自分を責めすぎる傾向にあり、あらゆる面でうまくいかなくなってくることが、さまざまな研究で明らかになっています。そこで、ここではセルフコンパッションの能力を高める3つのマインドセットを紹介します。

マインドセット1

「失敗とは、学習である」

成功は学びにつながらないことが多いもの。なぜなら、成功した理由を特定できないことが多いから。失敗の理由はわかりやすく、新しい方法にチャレンジする動機にもなります。つまり、失敗は大きな学習のチャンスなのです。

マインドセット2

「自分と他人を比べない」

客観的に見ることができる「他人」と、主観的にしか見ることができない「自分」を比べても意味がありません。自分をムダに責めることにもつながります。比べるなら、過去の自分と比べることで、前に進んでいる感覚を得られたり、挑戦できているかを確認することができます。

マインドセット3

「正解はひとつではない」

正解がひとつしかないと思うと、失敗したときにもう終わりだと思い、行き詰まってしまいます。世間が思う正解ではなく、自分なりの正解をいくつ探せるのかが重要です。するとひとつの正解にたどりつかなくても、別の正解への道を歩むことができます。

Work 4 NOと言えるようになるための ステップ・ワーク

NOと言えない人が持っている7つの「非機能的思考」を認識し、NOと言ったときのメリットとデメリットを明らかにして、NOと言うことの心理的ハードルを下げるワークです。

ステップ1

「非機能的思考」を認識し打ち壊す

あなたがNOと言えない理由は何か、次の7つの「非機能的思考」を参考に考えてください。次にその考えを否定し「非機能的思考」を打ち壊してみましょう。

断れない人の7つの「非機能的思考」

非機能的思考1

NOと言うのは無礼で攻撃的である

NOと伝えることは誰もが持っている権利。NOと言えないばかりに安請け合いをして、逆にまわりに迷惑をかけていないか考えてみましょう。

非機能的思考2

NOと言うのは不親切である、自己中心的である

NOと言わず、答えをあいまいにしたり、先延ばしにして相手を困らせていないか振り返ってみてください。またあなた自身が、頼みごとをしたら相手は必ずYESと言うだろうと思い込んでいないか考えてみましょう。

非機能的思考3

NOと言ったら相手が傷つく、否定されたような気持ちになる

NOと言うことは相手を否定することではありません。相手が傷つかないよう相手の気持ちを考えた言い方でNOを伝えることが重要です。

非機能的思考4

NOと言ったら相手から嫌われるに違いない

NOと言ったら嫌われるというエビデンスはひとつもありません。根底に「自分がNOと言われたとき、相手は自分のことを嫌いなんだと考えてしまう」癖がありませんか?

非機能的思考5

他人の要求は自分の要求よりも重要

むしろ、他人に何かを要求されたときは、自分も何か頼みごとをしてもいいと考えて、他人の要求だけでなく自分の要求も叶えてみましょう。

非機能的思考6

わたしはつねに他人を喜ばせないといけない

自分自身の幸せを自分以外の誰かにゆだねるのはおかしいのと同様に、他人を喜ばせる必要は自分にはないということを認識しましょう。

非機能的思考7

小さなことにNOと言うのは、ケチで心が狭い

この考えがゆがんだ認知であることを知っておきましょう。小さなことでも引き受けたくないことにはNOと言っていいのです。

---

1 あなたの「非機能的思考」は何?

2 1 の「非機能的思考」を否定してみましょう

ステップ2

NOと言ったときと、YESと言ったときのメリット・デメリットを比較する

わたしたちはNOと言ったときのデメリット、YESと言ったときのメリットは考えても、逆はあまり考えないものです。そこで、NOと言ったときのメリットとYESと言ったときのデメリットも書き出し、客観的に比較してみましょう。

	メリット	デメリット
NO	NOと言ったときのメリット	NOと言ったときのデメリット
YES	YESと言ったときのメリット	YESと言ったときのデメリット

ステップ3

NOと言うための4つのメンタルチェック

アメリカのメイヨー・クリニックなどの研究によりまとめられたNOと言っても罪悪感をおぼえないメンタルづくりのための4つのチェック項目です。これらをチェックすることで、NOと言うハードルが格段に下がります。

1 優先順位の確認をすること

何かを頼まれたら、返答する前に「この頼まれごとは、自分にとってどれくらい重要だろうか?」と自分に質問する。この答えに基づいてYESかNOかを決める。

2 YESのストレス比チェック

その頼みごとにYESと答えたときそこから得られるメリットと、ストレスの比率がどれくらいの割合になるかを考える。

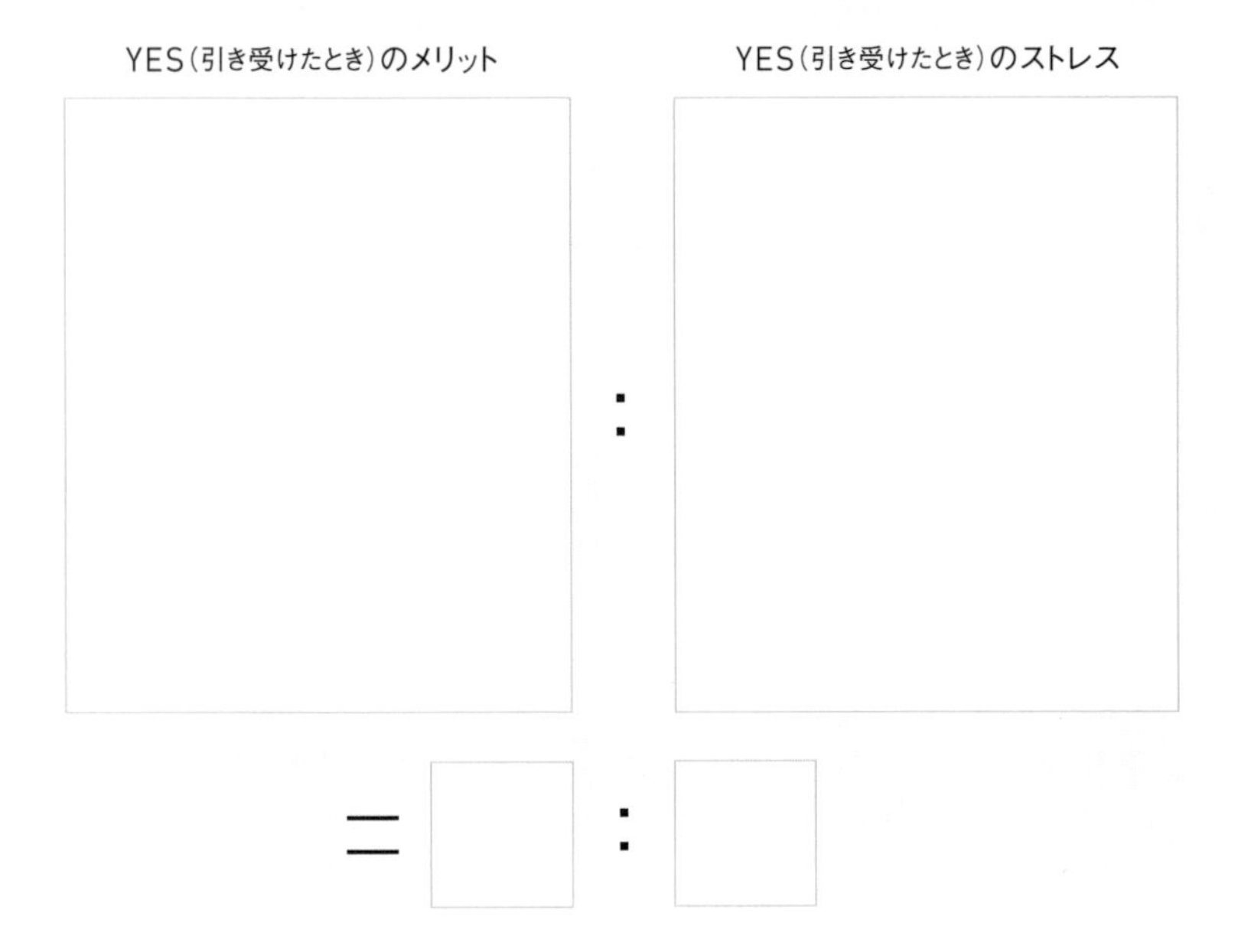

3 罪悪感・義務感チェック

返事をする前に、相手への罪悪感・義務感で意思決定をしていないかチェックする。

(罪悪感の例)
「断ったら悪い」「断りにくい」

(義務感の例)
「いつもお世話になっているし」「つきあいも仕事のうち」

4 時間をおく。即答しない

即答しないで、「調整するのに1日(もしくは2日)ください」と伝え、最低でも考える時間を1日とる。1日もとれない場合は、できるだけ時間をおいて、1から3の項目をしっかり考える。メールで返答が可能ならメールを使う。時間的距離と物理的距離をおくことによって冷静になって判断する。

Work 5 習慣化を促進させる イフゼン・プランニング

If(もし)とThen(そうしたら)、つまり〝Aの状況になったら、Bをする〟というように、タスクのタイミングをあらかじめ決めておくことによって、Bの行動を習慣化するというメソッドです。すでに習慣化されているAに、新しく身につけたいBを関連づけます。

Aの条件

① すでに身についていて、毎日やっていること

② いつも同じ時間に行っていること

③ いつも安定して同じ場所で行っていること

(例)カーテンを開ける、歯を磨く、お風呂に入るなど。

イフゼン・プランニング

If(もし)、	A	
Then(そうしたら)	B	する

Work 6 貯金額が67%アップするノスタルジー戦略

〝金融心理学〟のパイオニアとして知られるブラッド・クロンツ博士らがアメリカのクレイトン大学で行った実験で、わずか3週間で貯金額が67%アップしたという戦略です。懐かしいものへのポジティブで感傷的な愛着を利用して、貯金行動への感情的関与を高め、貯金の習慣を潜在的に改善させます。

ステップ1

自分の過去を懐かしめるものを用意する

(例) 子どものころ遊んでいたオモチャやぬいぐるみ、写真、卒業アルバムなど。

ステップ2

なぜ懐かしく感じるのか、ポジティブな感情を持つのかを考える

(例) 安心感に満ちていた幼少期の記憶、楽しかった子ども時代、無条件に愛してくれた祖父母の存在、余計なことを心配しなくてもいい包まれた感じなど。

ステップ3

「ステップ2」の感情を自分の価値観に結びつける

(例) あの楽しかった時間を自分の家族にも与えたい。いつか会う家族に与えたい。自分の親が安心して暮らせるようにしたいなど。

ステップ4

視覚的な動機にする

(例) ステップ3のイメージを写真や絵などにして壁やスマホの画面、スクリーンセーバーに貼りつける。

ステップ5

新たに銀行口座をつくり、自動的にお金が振り替えられるようにする

(例) ステップ3、ステップ4のイメージから具体的な目標を立て、その目標を銀行口座につけて記録する。『2025ヨーロッパ家族旅行口座』など。そして毎月自動的にお金が振り替えられるようにしておく。

人の嘘を見抜くワーク

アリゾナ大学が行った、決算報告のスピーチと実際の業績を照らし合わせて、嘘や誇張がどれくらいあるかを分析した研究によると、見抜くポイントは次の7つ。今までを振り返ると、思い当たることもあるのではないでしょうか。今後のためにもぜひ覚えておきましょう。

1 説得行動が増える

相手を説得しなければならない、信じさせなければならないという気持ちが働くために、いつもより話が長くなる、より細かい内容を伝えようとする。

2 嘘をつき終えてリラックスする

嘘をついている人は、最後まで話を終えて自分のやるべきことは終わったと思うと、リラックスして自分がつくったつくり話を忘れてしまう。

3 前置きが多い

嘘をつくとき、「じつは」「驚くかもしれないけれど」などの前置きが増える。

4 ポジティブな単語が増える

人は嘘をつくとき、すごく楽しい、めちゃくちゃ面白いなどポジティブな単語が増える。

5 あいまいな表現が増える（責任回避行動）

「…かもしれない」「だったと思う」というあいまいな表現が増える。

6 一人称が少なくなる

「わたしは」「俺が」という一人称が少なくなり、小説のように俯瞰で見ているような描写をするようになる。

7 距離をおいた言葉づかいが増える

対象を「あいつ」「あの人」「あの会社」というように距離をおいた言葉づかいが増える。

Work 8 4つの欲望を刺激するセルフコーチング・ワーク

ハーバードビジネススクールによる、どのような欲望が仕事のモチベーションと結びついているかという研究で導き出されたのが、次の4つの欲望です。自分を〝コーチング〟するイメージで4つの欲望を書き出し、それを満たすにはどうすればいいか考えてみましょう。

1 獲得への欲望

社会的地位など形のないものも含め、希少価値が高いもの、珍しいもの、他人が持っていない自由度、価値のある仕事などを獲得することへの欲望を満たすこと。

あなたの「獲得への欲望」は何？ どうすれば満たされる？

2 絆への欲望

個人や集団との結びつきを形づくるもの。自分が仲間になりたい、つながりを持ちたいと思っている人たちと結びつくことへの欲望を満たすこと。

あなたの「絆への欲望」は何？ どうすれば満たされる？

3 理解への欲望

好奇心を満たしたい、答えを見つけ出したい。自分が何かを試した結果、どんなことが起こるかを知りたい欲望を満たすこと。

あなたの「理解への欲望」は何？ どうすれば満たされる？

4 防御への欲望

外部の脅威から自分を守ること、正義を広めること、生活や仲間を守りたいという欲望を満たすこと。防御の対象は、自分自身、仲間、家族、財産など。

あなたの「防御への欲望」は何？ どうすれば満たされる？

Work 9 目標を達成するための GOODモデル・ワーク

ジェフリー・E・ハウエルバッハ博士が、ポジティブ心理学の知識や知見をもとに提唱した「GOODモデル」を応用したワークです。実際、このモデルに従ってコーチングを行うと、モチベーションが20〜60%ほど高まったという結果が出ています。次の質問に答えることによって、目標を達成するまでモチベーションを維持できるようになります。

G ゴール

とり組むべきもっとも重要な目標を定義します。次の質問に答えることで、ゴールが明確になります。

1 あなたが集中したい目標はなんですか?

2 その目標を達成すると、どんな結果が得られますか?

3 なぜ、この目標が大事なのですか?

4 この目標は、あなたの価値観、ビジョンと一致していますか?

5 もし希望どおりの結果が得られたら、どんな気分・感情になると思いますか?

6 人生をよりよくするために、どんな変化を起こしたいと思いますか?

O オプション

ゴールに向かって進むために使えそうなオプションやステップを調べます。目標を突破するための知識、武器、道具を手に入れるための質問です。

1 その目標を達成するために、どんな具体的な方法がありそうですか?

2 過去に似たようなことを成し遂げたことはありますか?

3 他の人はそのような目標に対して、どのようにとり組んでいると思いますか?

4 目標を達成するために、どんな行動をとることができますか？ 今自分ができる行動はなんですか？

5 もしあなたがその行動をとらなかった場合、どのような影響がありますか？

O オブスタクル

オブスタクルは障害物という意味です。進行の妨げとなる可能性のあることを、あらかじめあぶり出し、どんな対策をとればいいか考えます。

1 目標を達成するために邪魔になりそうなものはなんですか？

2 どのような外的な課題（外部の問題）が問題になる可能性がありますか？

3 どのような内的な課題（心配、不安など）が問題になる可能性がありますか？

4 問題が起きた際、誰からのサポートが受けられますか？

D 実行

実行するための質問です。実行するためにどんな行動をとればいいか、いつまでにやればいいかを明らかにし、実現度を最大限に高めます。

1 目標を達成するためにどのような戦略を採用しますか？

2 具体的にいつどのようなことをする予定ですか？

3 進捗状況をどうやって把握できますか？

4 もっともすばやくとれるアクションはなんですか？ またそれをいつ実行できますか？

5 そのアクションはどれくらい時間がかかりますか？ そして、いつ達成できますか？

Work 10 セルフコンパッションを一瞬で高める アイス・エクササイズ

イヤなこと、望ましくないことが起きたとき、自分の思考と感覚には異なることが起きています。それを分離して、思考と感覚に分け、それぞれを癒やしていくエクササイズです。氷が冷たくてどうしても我慢できなかったら、氷を離してかまいません。離した場合は、離したあとの手のひらを見ながら続けてください。

1 **氷を握る**
2 **思考に意識を向ける**
3 **体の経験や感覚に意識を向ける**
4 **思考と感覚を分離する**
5 **3分たったら氷を離す**
6 **思考と感覚それぞれにやさしい言葉をかける**
7 **これを応用して、今感じているネガティブな感情にやさしい言葉をかける**

Work 11 ゆるがない自分をつくる 究極のマインドセット・ワーク

自分を責める癖から脱し、これから先、何があっても自分なら大丈夫と思えるようになるマインドセット・ワークです。これらを書き出し、目につく場所に貼るなどして意識に叩き込みましょう。

1 **失敗とは学習である**
2 **自分と他人を比べない**
3 **正解はひとつではない**
4 **他人に流されず、自分の意志で決め、選ぶ**
5 **自分を否定してくる相手を学びの対象にする**
6 **弱点＝自分の特徴と考える**
7 **自分の過去を冒険の物語としてとらえる**
8 **自分の才能をみくびるのをやめる**
9 **悩みとは必ず過去に誰かが通った道である**
10 **自信は相対的なものではない、自分が決めるもの**
11 **怒りはクリエイティブに発散し、悲しみをクリエイティブに利用する**
12 **自分の成功を心から喜んでくれる人のなかに身を置く**

著者略歴

メンタリストDaiGo

慶應義塾大学理工学部物理情報工学科卒業。同大学院中退。人の心をつくることに興味を持ち、人工知能記憶材料系マテリアルサイエンスを研究。英国発祥のメンタリズムを日本のメディアで初めて紹介し、日本唯一のメンタリストとして数百のTV番組に出演。その後、活動をビジネスおよびアカデミックな方向へと転換し、企業のビジネスアドバイザーやプロダクト開発、作家、大学教授として活動中。ビジネス、健康法、恋愛、子育てなど、幅広いフィールドでインプットした膨大な情報を独特の勉強法でスキル化し、圧倒的な成果をあげ続けている。著書は累計450万部。『自分を操る超集中力』『人を操る禁断の文章術』（かんき出版）、『超効率勉強法』（学研）、『メンタリズム 恋愛の絶対法則』『限りなく黒に近いグレーな心理術』（青春出版社）ほかヒット作多数。またYouTubeやオリジナル動画サービス「Dラボ」を経由したコンテンツ配信も精力的に行っている。

●メンタリストDaiGo／オフィシャルウェブサイト　https://daigo.jp/
●メンタリストDaiGoのDラボ　https://daigovideolab.jp/

君の人生に勇気はいらない

グズで臆病な僕の人生を変えた口の悪いメンターとの物語

2024年3月31日　初版第1刷発行

著　者　メンタリストDaiGo
発行者　小川 淳
発行所　SBクリエイティブ株式会社
〒105-0001　東京都港区虎ノ門2-2-1
構　成　有動敦子
ブックデザイン　小口翔平＋畑中 茜（tobufune）
装　画　cacaotane
挿　絵　髙柳浩太郎
ＤＴＰ　荒木香樹
ヘアメイク　永瀬多壱（Vanites）
スタイリスト　松野宗和
撮　影　石黒幸誠
撮影協力　代官山スタジオ
編集担当　杉本かの子
印刷・製本　三松堂株式会社

本書をお読みになったご意見・ご感想を
下記URL、またはQRコードよりお寄せください。

https://isbn.sbcr.jp/90636/

落丁本、乱丁本は小社営業部にてお取り替えいたします。定価はカバーに記載されております。本書の内容に関するご質問等は、小社学芸書籍編集部まで必ず書面にてご連絡いただきますようお願いいたします。

ISBN978-4-7973-9063-6

付録

メンターD's WORK

Dが翔太に教えたワーク集

本書で紹介したDが翔太に教えたワークをまとめました。
ここに実際に書き込んで、ワークを実践してみましょう。
このワークがあなたに気づきを与え、
前に進む原動力になることを願っています。

メンターD's WORK テンプレートダウンロード

こちらのQRコードもしくはURLよりテンプレートを
ダウンロードしてお使いいただくこともできます。
https://isbn.sbcr.jp/90636/